오늘의 명산,
절경따라 걷는 길

오늘의 명산, 절경따라 걷는 길

초판 1쇄 발행 2023년 1월 17일

지은이 효빈
펴낸이 장길수
펴낸곳 지식과감성#
출판등록 제2012-000081호

교정 서은영
디자인 이은지
편집 이은지
검수 한장희, 이현
마케팅 고은빛, 정연우

주소 서울시 금천구 벚꽃로298 대륭포스트타워6차 1212호
전화 070-4651-3730~4
팩스 070-4325-7006
이메일 ksbookup@naver.com
홈페이지 www.knsbookup.com

ISBN 979-11-392-0857-3(03810)
값 32,000원

- 이 책의 판권은 지은이에게 있습니다.
- 이 책 내용의 전부 또는 일부를 재사용하려면 반드시 지은이의 서면 동의를 받아야 합니다.
- 잘못된 책은 구입하신 곳에서 바꾸어 드립니다.

지식과감성#
홈페이지 바로가기

〈오늘의 명산, 절경따라 걷는 길〉 정오표

1. 22쪽 5째줄의 '충추호'를 '충주호'로 수정.
2. 23쪽 8째줄의 '충추댐'을 '충주댐'으로 수정.
3. 340쪽 14째줄의 '무악재 하늘대리'를 '무악재 하늘다리'로 수정.

오늘의 명산

절경따라 걷는 길

글·사진 효빈

강이나 천을 따라 산줄기가 아름다운 산지,
산중 출렁다리가 생긴 후 이슈가 된 산지들,
좀 더 박진감 넘치는 대슬랩 산지들을 따라 걸어 보자!

지식과감성#

책을 내면서

    1~2년이면 종식을 맞을 거라 생각했던 코로나19는 끈질기게도 변이에 변이를 일으키며 우리 곁을 떠나지 않고 있다.
    다행인 것은 이제 실외 마스크까지 해제가 되면서 좀 더 자유로운 일상을 누릴 수 있게 되었고 모든 면에서 숨통이 트이게 되었다.
    어쩌다 보니 '효빈 길을 나서다' 네 번째 책을 내게 되었다.
    출간을 하고 나면 아쉬운 점도 많아 늘 마지막이라는 생각을 하게 되지만 그 아쉬움이 다시금 출간을 하게 만드는 원동력이 되기도 한다.

    산행과 여행은 그저 걷기나 보는 것만이 아닌 그 지역의 특색과 역사적 인물, 문화유산과도 직접 조우할 수 있는 현실적인 교과서가 되기도 한다.
    우리가 좋은 산, 아름다운 산, 이슈가 되는 산지들은 조망이 탁월하거나 바위와 소나무가 좋고 철마다 피고 지는 꽃들이 만발하거나 산을 따라 굽이도는 물길이 아름다운 산들이 대부분을 차지한다. 요즘은 사진 스팟이나 핫 플레이스가 되는 산행지들이 인기이기도 하다.
    이번 『오늘의 명산, 절경 따라 걷는 길』에서는 강이나 천을 따라 산줄기가 아름다운 산지, 산중 출렁다리가 생긴 후 이슈가 된 산지들, 좀 더 박진감 넘치는 대슬랩 산지들을 선정해 보았다. 편의에 의해 세 단락으로 구분 지었을 뿐 물길이 아름다운 산지나 산중 출렁다리가 생긴 산지엔 하나같이 기암도 좋고, 기암절벽이 수려한 곳에 출렁다리가 생겨나니 이 모든 건 하나로 어우러지기도 한다.

  핫한 시설들이 생겨 주목을 받은 관광지도 있는 반면 대중적으로는 많이 알려지지 않았을 뿐 그에 못지않게 절경을 자랑하는 숨은 산지들도 담아 보았다.
  여기에 소개하는 장소는 극히 일부일 뿐 우리나라 전국 방방곡곡엔 아름다운 명소가 너무나 많다는 것도 말해 둔다.

  필자의 여행과 산행엔 늘 야생화 탐방이 함께하지만 야생화 전문 책자가 아니니 최소화하여 실으려 했다.
  유명 야생화 산지를 찾아다니기보다는 그저 산길을 걷다 자연스런 들풀꽃들과의 우연한 만남을 좋아한다.
  참고로, 2021년 11월 문화재청 고시에 의해 문화재 지정번호가 폐지됨에 따라 이젠 더 이상 문화재 지정번호를 붙이지 않아도 된다는 점도 밝혀 둔다.

2023년 1월 호빈

목차

굽이도는 물길 따라 절경이 펼쳐지다   7
1. 악어 떼가 밀려든다 – 충주 악어봉   8
2. 가은산 새바위와 둥지봉   19
3. 진안/장수 천반산과 죽도 – 정여립의 자취를 따라서   38
4. 정선 병방산 한반도 지형 & 정선 조양산   56
5. 순창 용궐산 하늘길과 섬진강 요강바위   83
6. 기암절벽과 홍천강을 끼고 – 홍천 팔봉산   101

산중 출렁다리가 새로운 풍경이 되다   121
1. 소금잔도와 울렁다리 – 원주 소금산 간현관광지   122
2. 거창 우두산 Y자형 출렁다리   134
3. 파주 감악산 만추와 출렁다리   151
4. 역사적 인물들과 가을 길을 걷다 – 봉화 청량산   165
5. 흰 거위 떼의 산 – 화순 백아산   185
6. 국내 최장의 출렁다리 – 순창 채계산   203
7. 진안 구봉산 구름다리 – in 대둔산   219

대슬랩의 맛, 기암 절경에 빠지다   245
1. 상주 성주봉의 대슬랩   246
2. 서산 팔봉산의 아기자기 암봉 이야기   267
3. 완주 장군봉과 해골바위   289
4. 원주/제천 감악산   316
5. 청와대 뒷산 – 인왕산과 백악산   340
6. 눈부신 운악산   373

굽이도는
물길 따라
절경이
펼쳐지다

1. 악어 떼가 밀려든다 - 충주 악어봉

충주호 월악나루 근처 악어봉으로 가는 길.
  일대는 조망 좋고 바위 좋은 암산이 즐비하고 드라이브 삼아 한 바퀴 돌아봐도 좋을 풍경들을 지니고 있다.

충북 충주시 살미면 월악로 927.
  보통은 주차장이 넓은 '게으른 악어'라는 카페에 차를 세우고 길을 건너면 악어봉 오르는 등로가 나온다. 산행을 즐겨하지 않는 사람들에게는 조금 가파르다

고 생각할 수 있는 산길을 40분쯤 올라서면 악어 떼가 모여드는 곳, 악어섬을 전망할 수 있는 악어봉에 이르게 된다. 제대로 산행을 하자면 충주시 수안보면 대미산에서 큰악어봉을 거쳐 오지만 악어섬을 향한 조망은 악어봉이 제일 좋다. 그러니 근처 여행이나 드라이브를 왔다가 잠시 악어봉에 올라 보는 사람들이 많다.

  조금은 경사가 있는 산길을 숨 가쁘게 올라서면 절로 탄성을 지르게 되는 풍경과 마주하게 되는데 이름하여 악어섬이다. 밀림의 진짜 주인 같은 악어 떼가 밀려온다.

슬금슬금 소리 없이 먹잇감을 향해 전진하는 모습에 긴장감마저 감도는 듯하다.

  충주호와 길게 뻗은 산자락들이 어우러져 마치 엉금엉금 기어가는 악어들을 연상시켜 붙여진 이름이다.

호반,길을 나서다~

 역광에다가 늦은 오후의 강렬한 태양에 사진은 좋지 못하지만 배경화면이나 인생 샷을 찍는 사진 스팟으로 많이 힙해진 곳이다. 광각렌즈로 전체를 한꺼번에 담는다면 좀 더 시원한 장면이 될 것이다.

 물빛 고운 충주호와 한가로이 유람선은 물살을 가르고 켜켜이 층을 둘러 쌓인 모래언덕도 이채롭다. 새끼 악어 한 마리, 무언가 할 말이 있었던지 콧방귀 같은 말풍선도 걸렸다.
 악어봉은 그동안 비탐방으로 묶인 곳이지만 이미 유명세를 타서 길은 훤히 나 있는 상태다. 충주호에 뜬 산자락의 풍경이 마치 악어 떼를 닮아 SNS 인증 샷 명소로 인기가 높아지고 사진 스팟으로 알려지며 밀려드는 탐방객과 국립공원 측의 갈등과 마찰도 지속되어 왔던 게 사실이다.
 악어봉 일대는 야생동물보호구역으로 출입이 금지되어 있었지만 들어가려는

자와 막으려는 자들 사이에 해결책이 필요했던 것이다. 일대가 야생동물보호구역에서 해제되어 탐방로 조성이 가능해졌고, 규제로 일관하던 환경부와 충주시에서도 결국 밀려드는 인파에 백기를 든 것이다.

  2022년 12월 현재 주변 정리와 계단 공사가 진행 중이고 2023년 일반에 개방될 예정이다.

  변해 가는 세상에 절대 안 된다는 것은 없다는 것을 악어봉 개방이란 소식에 또다시 실감을 하게 되는 부분이다. 불법 출입으로만 볼 수 있었던 악어섬의 비경이 관광 명소로 급부상할 날도 멀지 않아 보인다.

  충주호는 우리나라에서 가장 큰 규모의 인공호수로 1986년 충주댐이 준공되면서 충주와 제천, 단양 3개의 시군에 걸쳐 66.48㎢가 수몰되었고 지금은 주변의 산군을 포함해 많은 관광지를 품은 큰 자원이 되었다.

충주호 하면 충주나루, 월악나루, 청풍나루, 장회나루, 단양나루 등 유람선을 이용해 호반 정취를 감상할 수도 있고 구담봉, 옥순봉 등을 포함한 단양8경과 월악산, 송계계곡, 구인사 등 일대는 볼거리 풍부하기로 유명한 곳이기도 하다. 다른 곳에서 맞는 충주호와 뱃놀이도 좋지만 가볍게 오를 수 있어 충주호의 악어섬도 한번쯤 볼 만한 곳이다.

~5월 초순, 악어봉에 오르다 만난 들풀꽃들은 큰구슬붕이, 봄맞이꽃, 줄딸기, 제비꽃, 자주알록제비꽃, 할미꽃, 분꽃나무, 각시붓꽃, 고추나무 등이다.

이 아일 만났으니 이제 진정 봄을 맞이한 것인가. 정작 이름과 다르게 봄이 무르익고서야 피어났다. 이름도 참 이쁜 봄맞이꽃(앵초과 봄맞이꽃속)이다. 햇살 좋은 무덤가 주변으로 많이도 피었다. 그저 잡초 취급을 받으며 있는 듯 없는 듯 살아가는 아이들이지만 자세를 낮춰 들여다보면 절로 흐뭇한 미소가 번지게 된다.▼

4~5월이면 온 산을 연분홍으로 물들이는 아이, 줄줄이 달리는 딸기라 그 이름도 줄딸기(장미과 산딸기속)다.▲
우리가 흔히 통칭해 산딸기라 부르기도 하지만 산딸기라는 이름을 가진 아이는 따로 있다.

산에서 나는 딸기 종류가 많지만 흰색 꽃을 피우는 이것이 아무 수식이 붙지 않는 산딸기(장미과 산딸기속)다.▶
산딸기와 잎도 꽃도 비슷한 섬딸기도 있다.

산딸기는 꽃이 여럿이 뭉쳐서 피고 밑으로 향하지 않는 반면 섬딸기는 한 송이씩 밑을 향해 꽃을 피운다.

청보라가 매력적인 큰구슬붕이(용담과 용담속)다. ▶

5월의 양지바른 숲에선 비교적 흔하게 접할 수 있다.

이름에 '큰'이라는 접두사가 들어갔지만 구슬붕이에 비해 크다 뿐이지 실제로는 3~10cm로 아주 작다. 열매가 맺혔을 때 그 모습이 구슬을 닮아 구슬붕이라는 이름이 붙었다 한다.

구슬붕이는 우리에게 익숙한 '판도라의 상자'와 관련된 꽃이기도 하다.

그리스 로마 신화에 의하면, 제우스가 인류 최초의 여인이었던 판도라에게 신들의 선물이라며 항아리(상자) 하나를 주며 절대 열어 보지 말라 했지만 호기심을 못 이긴 판도라는 항아리를 열게 되고 그 순간 항아리 안에서는 욕심, 원한, 질투, 슬픔, 복수, 미움, 전쟁, 질병 등의 모든 재앙이 쏟아져 나왔다. 깜짝 놀란 판도라가 그 항아리 문을 닫았을 때 그 안에 남은 것은 희망 하나였다. 판도라는 항아리를 열어 본 후 사람들이 서로 싸우고 고통에 빠지는 것을 보고 후회의 눈물을 흘렸는데, 그 눈물이 떨어진 곳마다 항아리(상자) 안에 유일하게 남은 희망의 꽃이 피었으니 구슬붕이다. 그래서 서양에서는 구슬붕이를 판도라의 눈물이라 부르기도 한다.

아~ 올라갈 땐 걷기 바빠 외면했던 제비꽃(제비꽃과 제비꽃속)이 이리도 아름다웠던가. 늦은 오후가 되니 진한 색감이 더욱이나 고귀해졌다.

블루와 보라를 절묘하게 섞어 이렇게 도도하면서도 품격 높은 청보라를 만들어 놓았다. 늘 느끼는 거지만 자연에서 얻을 수 있는 천연색이란 차마 우리가 다 따라하지 못하는 신비로움이 있다.▲

큰구슬붕이(용담과 용담속)와 자주알록제비꽃(제비꽃과 제비꽃속)이 자리를 나눠 가졌다. 자주알록제비꽃은 잎 뒷면이 자주색이지만 알록제비꽃처럼 앞면에 알록알록한 흰 잎맥이 없는 게 특징이다. 변이가 워낙 심하고 60여 종이나 되는 머리 아픈 제비꽃 집안이다.▶

잎 앞면에 알록한 무늬가 있는 알록제비꽃(제비꽃과 제비꽃속)이다.▲

이맘때면 붓꽃 종류 중에 가장 만나기 쉬운 각시붓꽃(붓꽃과 붓꽃속)이다.▲

햇살 좋은 무덤가 주변에 할미꽃(미나리아재비과 할미꽃속)도 피어 주셨네.

흔하고 흔하던 할미꽃이었는데 요즘은 할미꽃 보기가 그리 쉽지만은 않아졌다. ▶

어디에서 이렇게 진한 향기가 퍼지나 했다. 자꾸 큼큼거리면서 그 진원지를 찾아본다. 감미롭다. 둥근 볼처럼 탐스럽게도 피어난 분꽃나무(인동과 산분꽃나무속)다.

악어 떼에 취하는 악어봉 이 숲은 지금 분꽃나무 향긋함에 휩싸여 있었다.▲

일대를 달리다 잠시 멈춰 봐도 좋겠다. 월악나루를 지나 장회나루로, 청풍나루로~

여행이 어디 얼마나 거창한 일이었던가.

충주호를 옆에 끼고 한 바퀴 돌아보는 것만으로도 좋은 여정이 될 것이다.

2. 가은산 새바위와 둥지봉

    가은산은 월악산국립공원에 속한 산으로 기기묘묘한 바위들과 청풍호를 옆에 낀 비경이 그림처럼 다가오는 곳이다.
가은산은 정상보다는 새바위가 더 유명하고 인기가 좋지만 새바위와 둥지봉 일대는 안전설비 미비 등을 이유로 여전히 곳곳에 탐방이 제한되고 있다.
상천휴게소(상천주차장)를 사이로 북으로는 금수산, 남으로는 가은산 등산로가 시작된다. 옥순대교가 개통되기 전에는 새바위를 보기 위해서 상천휴게소에서 들머리를 삼아 진행들을 했지만 요즘은 옥순대교에서 올라 새바위를 거치는 사람들이 많아졌다.
    대중교통은 그리 좋은 편이 아니다.
    제천에서 가은산 들머리인 상천휴게소 가는 버스는 하루 세 대밖에 되지 않으니 제천역 앞에서 12시 40분쯤 지나는 953번 버스를 타는 게 그나마 가장 나은 선택이 된다. 되돌아 나가는 버스는 상천휴게소에서 오후 6시 25분쯤, 옥순대교에서는 그보다 5분 전쯤 지나게 된다.

상천휴게소(상천주차장)를 사이로 건너편은 망덕봉과 금수산이다.▲

그 아래 상천주차장에 대형버스들이 줄지어 늘어선 것으로 볼 때 금수산에 많은 단체객들이 왔음을 알 수 있다.

저 길을 오르다 보면 독수리바위와 금수산 제1경인 웅장한 용담폭포도 만날 수 있다. 금수산은 능강계곡이나 정방사, 얼음골도 유명하고 조가리봉, 미인봉, 신선봉과 연계해 금수산에 오를 수도 있고 금수산과 가은산을 한 번에 잇기도 한다.

바로 이웃해 있지만 아직 가은산 자체를 모르는 사람들도 있고, 찾는 이들도 상대적으로 적지만 그 비경만큼은 금수산에 견주어도 부족하지 않다.

효빈,길을 나서다~

효빈,길을 나서다~

효빈,길을 나서다~

　가은산길을 조금 올라서면 절경 중에 절경을 마주할 수가 있으니 곳곳이 조망처요, 주저앉은 어디라도 전망대가 된다. 산과 바위. 그리고 그들을 유유히 휘감아 도는 강. 장회나루에서는 유람선이 수시로 오가고 안내를 하시는 선장님 목소리도 드높아진다. 청풍호 건너편의 옥순봉과 구담봉, 그리고 옥순대교까지.
　충주댐이 만들어져 충추호(청풍호)가 생긴 내력까지 열심히 설명을 하고 계실 테다.
　여기 청풍호를 낀 봉우리들은 어디라도 비경이 되니 강 건너 구담봉과 옥순봉을 필두로 제비봉이며 말목산 등도 저마다의 매력을 발산하게 된다.
단양팔경의 하나이자 제천10경 중의 하나인 옥순봉(옥순대교 좌측)은 명승으로 지정되어 있을 만큼 주변풍광과도 어우러짐이 좋다.
　2021년 10월, '옥순봉 출렁다리'가 생기고 그 주변으로 생태탐방로도 조성되었다.

　출렁다리가 생기는 곳은 관광 특수가 되니 각 지자체에서는 뿌리치기 힘든 유혹이 되었고 또 다른 청풍호와 일대 풍광을 대면할 수 있게 되었다. 한 가지 아쉬운 점은 출렁다리에서 옥순봉까지 연결시키려던 탐방로는 사유지 문제로 잇지 못하고 다시 출렁다리를 되돌아 나와야 하니 옥순봉 등반은 원래 탐방로를 이용해야 하는 불편함이 있다. '옥순봉 출렁다리'라는 이름보다 '청풍호 출렁다리'가 어울리는 한계로 남았다.

** 남한강 줄기에 충추댐이 만들어지면서 생겨난 호수를 충주호라 하는데 충주호를 제천 쪽에선 청풍호라 부르고 있다.

　충주호 수몰지역에 제천 지역이 가장 많이 들어갔지만 제천의 지명은 무시한 결정이라 해서 제천시에서는 이름 변경을 요청하였으나 받아들여지지 않자 일대의 충주호를 청풍면의 이름을 따서 청풍호라 부르고 지역 내의 지명이나 도로안내표지판 등도 청풍호로 바꾸게 되었다. 제천시의 옛 지명이 청풍군이었기도 하거니와 바람 맑고 달 밝은 고장이라는 뜻의 청풍명월도 여기에서 나온 말이다.

효빈길을 나서다~

가은산을 찾는 것은 청풍호를 향한 조망 때문만은 아니다.

온갖 기묘한 바위들과 그 속에서 자라나는 소나무가 호반과의 조화를 이루니 어찌 매력적이지 않겠는가. 세로로 패인 주름들은 먼 나라의 그랜드캐니언이 부럽지 않을 만큼 오랜 세월 지켜 낸 소중한 보배가 되었다.

이 바위는 사람들이 꼭지바위라 부른다.▲

앞쪽으로 펼쳐지는 청풍호와 옥순봉, 옥순대교와 저 멀리 월악산까지 그 모든 게 한 폭의 산수화. 꼭지바위 뒷면은 풍화작용으로 깊게 패인 바위 형태가 아

주 인상적이다. 강가의 바람 영향이 얼마나 대단한지를 보여 주듯 강가 쪽으로만 이렇게 패인 모습을 보인다. 이런 바위를 만날 때면 마치 유물을 발견하기라도 한 듯 감동스럽기 그지없다. 대자연의 걸작이다.

가은산의 상징인 새바위다. ▲

그 앞으로는 새끼를 보호하려는 어미 새의 마음인 듯 조그만 새끼 한 마리를 감추고 있다. 앞쪽에서 볼 때는 나비 한 마리 같기도 하고, 하트 모양 같기도 하지만 반대편에선 병아리나 새 한 마리가 앉아 있는 것처럼 보인다.

나도 누군가에게 하트 한방 쏴 줘야 할 것만 같다. 거기, 너~어~~♡

가은산 새바위. ▲

새바위가 있으니 품어 줄 둥지도 필요했을 것이다. 켜켜이 쌓은 모습이 새 둥지를 닮기도 했다. 우람한 자태의 둥지봉이다.

새가 먼저였는지 둥지가 먼저였는지는 모르겠지만 이름도 모양도 그럴싸하게 붙여졌다. 가장 조망 좋고 너른 바위가 많은 곳이 저 둥지봉 일대지만 또한 가장 조심해야 할 곳이 저 둥지봉 내림길이다.

급경사 바위를 아슬아슬하게 내려와야 하기도 하고 밧줄이 있는 곳도 없는 곳도 있으니 주의를 기울여야 한다. 언제나 그러하듯 바위는 올라갈 때보다 내려가는 게 특히나 더 위험하다. 그럼에도 저 길을 포기하지 못하는 이유는 그만큼의 짜릿함과 쾌감이 따르기 때문이다. 그러나 가은산은 위험한 바윗길 말고 정규코스대로만 걸어도 멋진 조망과 함께할 수 있다.

벼락맞은바위(쪼개진바위)와 정오바위다.▲

벼락맞은바위(쪼개진바위)는 상당히 큰 바위로 그 앞에 내려서면 위압감마저 느끼게 된다.

주민들은 정오바위를 시계바우, 한나절바우라고도 불렀다는데 마을에서 볼 때 해가 정오쯤이 되어서야 이 바위 위에 걸치게 되어 그리 부르게 되었단다.

이 좁은 책자에 다 소개하지 못할 만큼 가은산 곳곳엔 수많은 바위와 볼거리가 넘쳐 난다.

~9월 초, 가은산에는 수까치깨, 까치깨, 며느리밑씻개, 쥐손이풀, 매듭풀, 조밥나물, 쇠서나물, 산초나무, 새팥, 돌콩, 미국쑥부쟁이 등이 꽃을 피우고 있었다.

꽃받침이 뒤로 발라당 제껴져 있는 수까치깨(피나무과 까치깨속)다. **수까치깨는 까치깨 중에 가장 흔하게 만날 수 있는 아이다.**▲

이것도 수까치깨겠지 하고 그냥 지나치려는 데 뭔가 다르다.▶

수까치깨보다 꽃이 작고 수까치깨처럼 꽃받침이 뒤로 젖혀지지 않는 것으로 볼 때 이것은 까치깨(피나무과

까치깨속)다.

수까치깨 암술 끝이 노랗다면 까치깨 암술 끝은 붉은 색을 띤다.

까치깨는 수까치깨에 비하면 상대적으로 자주 만나지는 못한다.

** 꽃받침이 뒤로 젖혀지지 않는 것엔 암까치깨와 까치깨가 있지만 우리나라에서 암까치깨에 대해 확인할 수는 없는 상황이니 암까치깨의 존재 자체에 의문을 제기하는 사람들도 있다. 국생종에는 마치 전설처럼 암까치깨에 대해 등록이 되어 있지만 뭔가 명확하지 않고, 행여 누군가 그 설명에 부합되는 개체를 만난다 하여도 자신 있게 말하지 못할 것만 같다. 암까치깨는 꽃받침이 뒤로 젖혀지지 않고, 줄기에는 털이 없고 자방에는 털이 밀생한다고 한다.

조밥나물(국화과 조밥나물속)과 쇠서나물(국화과 쇠서나물속)이다.▲

얼핏 조밥나물과 쇠서나물이 비슷해 보이지만 쇠서나물은 줄기와 잎에 소의 혀처럼 거친 털이 많아 구별된다. 그래서 쇠서나물이라는 이름도 붙여졌다.

조밥나물이 진한 노랑을 띤다면, 쇠서나물은 연노랑으로 피는 편이다.

왼쪽 조그마한 보라색 꽃은 돌콩(콩과 콩속), 그리고 돌콩보다 꽃이 길쭉한 오른쪽은 새콩(콩과 새콩속)이다.▲

줄기에 아래로 고부라진 작은 가시가 촘촘히 박힌 며느리밑씻개(마디풀과 여뀌속)다. 화장지가 귀했던 시절, 시어머니가 며느리를 미워해 부드러운 풀잎 대신 가시가 있는 이 풀로 뒤를 닦게 했다는 데에서 유래했다는 얘기도 있고, 일본 꽃 이름 의붓자식의밑씻개에서 왔다고도 한다. 이와 비슷해 혼동하기 쉬운 같은 마디풀과의 며느리배꼽, 고마리, 미꾸리낚시 등도 있다.▲

자잘자잘한 들풀, 매듭풀 (콩과 매듭풀속)이다.◀
잎이 좀 더 넓고 길이는 짧은 둥근매듭풀도 있다.

아직도 한낮엔 뜨거운 여름이지만 이 아이를 보니 어느새 가을이 오고 있는 것 같다. 번식력이 좋은 유해식물이지만 꽃은 예쁘다. 귀화식물인 미국쑥부쟁이 (국화과 참취속)다. 얼핏 개망초 꽃과 혼동하는 사람들도 있다.▲

아메리카 원산지로 마치 꽃 모양이 계란 프라이를 닮았다 하여 계란꽃이라는 별칭도 가지고 있는 개망초(국화과 개망초속)다.▲

망초라는 이름은 나라가 망할 때 들어왔다, 이 식물이 들어와 나라가 망했다 하여 붙여진 이름이다. 일본이 조선을 망하게 하려고 일부러 씨를 뿌려 급속히 퍼져 나갔다는 설도 있었으니 이래저래 나라를 망하게 한 망국초라는 불명예를 갖고 있는 두해살이풀이다. 농사를 짓지 않고 놀리는 땅에는 어김없이 망초 군락이 형성되니 농사를 망치는 잡초라 하여 그렇게 불리기도 한다.

망초는 꽃이 조그맣고 설상화(혀꽃)가 퇴화하여 덜 핀 듯한 느낌으로 소박함이 있다면 개망초는 설상화가 발달하여 활짝 핀 것이 계란프라이를 연상시킨다.

개망초속엔 개망초와 비슷한 봄망초도 있는데 개망초보다 설상화(혀꽃) 수가 많고 가늘어 보인다. 봄망초 덜 핀 꽃봉오리는 아래로 고개를 숙이는 특징이 있는데 개망초는 수평이거나 위를 향한다. 꽃대 속이 비었으면 봄망초, 꽃대 속이 차 있으면 개망초다. 봄망초는 대략 5월부터, 망초는 6월부터, 개망초는 7월부터 피기 시작하니 시기적으로도 차이가 있다. 가장 흔히 만나는 것은 개망초다.

　야생의 도라지(초롱꽃과 도라지속)를 만나는 것은 참으로 반갑고도 기분 좋은 일이다. 그것도 수직절벽 나무 틈새에서 살아남아 고고히 한 송이 꽃을 피운 그것 자체로 황홀한 일이고 어느 야생화에 비할 게 못된다.▲

길을 걷다가 문득 그대 향기 퍼집니다.
뒤를 돌아봅니다. 꽃도 그대도 없습니다. 혼자 웃습니다.

- 김용택 '향기' -

 충주호를 오가는 유람선에서는 안내 멘트가 계속 울려 퍼지는 늦은 오후, 너른 바위에 앉아 지나는 유람선을 바라보며 그 소리에 몸을 맡기면 세상은 나만의 것이 되고, 자유로운 오늘에 그저 평온함이 감돌 뿐이다. 조금씩 선선함이 느껴지는 바람결마저 달콤하다.
 옥순봉과 구담봉을 끼고 청풍호가 그림처럼 흐르는 곳. 암릉과 조망에 취하고, 주변 경관에 취할 수 있는 가은산이다.

3. 진안/장수 천반산과 죽도 - 정여립의 자취를 따라서

　전북 진안군 동향면과 진안읍, 장수군 천천면의 경계를 이루는 천반산(天盤山) 이름에는 몇 가지 유래가 있는데 주능선이 소반처럼 납작하다 하여 소반 반자를 써 이름 붙여졌다는 설과 땅에는 천반, 지반, 인반이라는 명당자리가 있는데 이곳이 천반에 해당되는 명당이 있다 하여 붙여졌다고도 한다.
　천반산 능선부는 소반처럼 아늑함이 있지만 주변은 깎아지른 절벽으로 둘러싸여 있고, 아래로는 금강과 구량천이 휘감아 돌고 있으니 천연의 요새와 같은 산세를 띠고 있다.
　『광여』,『해동지도』,『1872년 지방도』 등에는 천반산이 아닌 천방산으로 기록되어 있다니 천방산에서 천반산으로 변형이 된 게 아닌지 유추하게도 한다. 천반산은 비운의 혁명가라 칭하는 정여립과 연관이 있는 산이기도 하다.

대중교통을 이용하자면 진안에서 동향행, 장전마을 가는 버스를 타면 되는데 하루 3차례(06시, 08시 30분, 15시 40분) 운행 중이다. (2022년 하반기 기준)
　보통 산행은 구량천이 흐르는 진안군 상전면과 동향면 사이에 위치하는 천반산휴양림에서 시작해 정상을 지나 말바위와 송판서굴, 뜀바위 등을 거쳐 죽도와 장전마을에서 끝을 맺게 된다. 약 8km 거리다. 필자는 여유 있게 4시간 20분 소요되었다.
　천반산 정상은 잡목들에 가려 잘 트이지 않지만 정상을 지나 중간중간 조망터가 있고 뜀바위에서의 조망이 좋다.

　여행을 다니다 보면 그리고 글을 쓰다 보면 어렴풋 알고 있던 역사적 사실에 대해 다시금 들여다보고 공부도 하게 된다.

여기 천반산은 정여립을 빼놓고 말할 수 없을 만큼 깊은 관련이 있는 산으로, 역모와 음모 사이에 팽팽한 논쟁이 있는 인물이기도 하다.

정여립은 전주 명문가 집안의 출신으로 어릴 때부터 천재 소리를 들었고, 선조 때 문과에 급제해 벼슬에 나서게 된다.

임금 앞에서도 바른말 하기를 주저하지 않았으니 선조와 서인의 미움을 사 벼슬을 버리고 고향으로 낙향한 정여립은 천반산 죽도에 서실을 차리고 그의 평소 소신대로 양반은 물론 평민, 노비, 승려, 무사 등 신분 상관없이 뜻을 같이하는 사람들과 함께 대동계를 만들어 활쏘기 대회 등을 열면서 세력을 확장해 나간다.

율곡 이이와 친분이 있었던 정여립이 대동계를 만들고 무력을 키웠던 이유로 이이의 십만양병설에 호응하였기 때문이라는 견해들도 있다.

임진왜란이 일어나기 몇 년 전, 왜구들이 호남지방을 자주 침입하자 전주부윤의 청으로 정여립은 대동계를 이끌고 나가 왜구를 소탕하게 되지만 이 소식을 들은 선조는 상이나 칭찬 대신 의구심만 키우게 된다.

'정여립이 자신을 따르는 일당들과 봉기해 한양으로 진입한다'는 황해감사 한준의 비밀장계가 올라오면서 의심은 확신으로 커지게 된다. 진짜 역모였다는 설과 반대로 치밀한 음모가 역모가 되었다. 이 역모는 조작되었다는 관점이 여전히 공존하며 남아 있다. 민심도 돌리고 정치적인 돌파구를 찾고 싶었던 열등감 많은 선조는 결국 서인의 거장 정철을 앞세워 기축옥사를 단행하게 된다.

개혁과 역모는 종이 한 장 차이라 했던가.

조선의 대표적인 4대 사화를 합친 것(500여 명)보다도 더 큰 피바람이 있었던 사건.

조선 선비 1000여명이 역모로 몰려 떼죽음을 당해야 했던 바로 기축옥사

(1589년)다. 그 기축옥사 핵심이 정여립(1546년~1589년)이었고, 그가 피신 와 관군에 쫓기다 자결한 현장이 여기 천반산 죽도였다. 자결이 아닌 죽임을 당했다는 설과 함께 정여립이 자결한 곳은 진안군 부귀면 오룡리 다복동이라는 견해들도 있다.

단재 신채호 선생은 기축옥사에 대해 『조선 500년 제일사건』이라 하였고 "이것이 전민족의 항성을 묻고 변성만 키우는 짓이다. 정여립의 이름은 300년 뒤에나 500년 뒤에나 그 이름이 알려질 뿐이다"라며 한탄했다.

『조선을 뒤흔든 최대 역모사건』의 저자 신정일은 "16세기말 개혁적 선비의 떼죽음은 임진왜란 때의 인재 부족으로 이어졌고 나아가서는 조선왕조 몰락의 결정타가 되었다. 선비들은 더 이상 바른 말을 하지 않았고, 그것은 조선 사회를 썩게 만들었다"라고 하였다.

신채호 선생의 말마따나 400년이 훌쩍 지난 지금 그 일을 떠올리며 이 길을 걷고 있다.

"천하는 일정한 주인이 따로 없다", "누구라도 임금으로 섬길 수 있다"

요즘에야 당연한 얘기겠지만 그 시대에 이런 말을 서슴없이 할 수 있었던 정여립은 어쩌면 이단아였는지도 모른다. 비운의 개혁가라는 수식이 따라붙는 이유일 것이다.

정여립에 대해서는 망을 봤다는 망바위, 말을 타고 뛰었다는 뜀바위, 바둑을 두었다는 말바위 등이 천반산 곳곳에 남아 있다.

정여립이 대동계를 조직하여 훈련할 때 제일 높은 곳에 대동이라는 깃발을 꽂았다 하여 천반산(647m) 정상을 깃대봉이라 칭하게 되었다.

천반산 성터다. ▲

 포곡식 석축산성의 형태로 보아 삼국시대의 것으로 추정되고 정여립이 피신하며 군사를 조련한 곳이라고 전해진다. 주변은 평평하여 군사가 주둔할 만하고, 북동쪽은 험준한 절벽이어서 따로 성벽이 필요치 않았을 것으로 보인단다.

 넓은 면적으로 보아 훈련 터로 추정되는 자리, 돌솥이 있었을 거라 판단되는 자리도 있고 집터와 망루, 담벼락 같은 흔적들이 곳곳에 남아 있어 여기에 주둔하고 살았을 그 숨결들이 그대로 전해진다.

정여립이 두 바위 봉우리를 말을 타고 뛰었다고 하는 뜀바위다.▲

절벽 아래로는 천길 낭떠러지다.

이곳을 폴짝폴짝 뛰어다녀 뜀바위라 불렀다면 정여립의 말이 명마였음이다.

정여립은 김제시 금산면 제비산 아래 거처를 두고 있었다.

정여립이 타고 다녔던 말을 용마라 하는데 그 말이 워낙 빨라서 금산면 상두산에서 6km쯤 떨어진 황산에 활을 쏘면 용마가 더 빠르게 달려가 화살을 물어왔다 한다.

어느 날은 화살을 쏘았는데 화살을 가져오지 않자 화가 나서 곧바로 용마의 목을 베었는데, 나중에 보니 화살이 용마 엉덩이에 꽂혀 있었단다. 정여립은 자책하며 칼과 함께 용마를 묻었다 하는데 김제시 금산면 쌍룡마을 앞 논 가운데 무덤이 있다 한다.

상두산이나 황산은 김제에 현존하는 산이고 지명들이다.

김제시 금산면 쌍룡마을 논 한가운데 있다는 무덤은 인터넷에 떠도는데, 그 무덤이 정말 말의 무덤인지는 정확하지 않다. 전해지는 이야기니 과장이 있을 수 있겠지만 그만큼 정여립의 영향력이 컸다는 반증일 수도 있을 것이다.

　송판서굴이다.▲

　송판서굴은 15m 정도의 거리를 두고 쌍굴로 형성되어 있는데 하나의 굴이 더 있어 총 세 개의 굴이 있는 것처럼도 보인다.

연안 송씨인 송보산 선생은 세종 때 예조판서에 올랐었는데 단종이 폐위되고 세조가 왕이 되자 왕위찬탈에 항거하여 관직을 버리고 이곳에 낙향한다.

송판서가 은거하며 수도했다 하여 붙여진 이름 송판서굴이다.

　굴 안에는 가물어도 물이 마르지 않고, 위장과 폐에 좋다는 샘이 있어 들어가 보니 역시나 물이 많이 차올라 있다. 그러나 마셔 보고 어쩌고 할 사이도 없이 왠지 굴이 닫힐 것 같은 차가운 오싹함이 감돌아 바로 뒤돌아 나와야 했다.

송판서가 머문 이후에는 정여립이 대동계원을 데리고 훈련할 때도 이용되었다 한다.

천반산에는 송판서의 부인이 머물렀다는 할미굴도 있다.

천반산이 풍경 없이 정여립 이야기만 있다면 다른 계절에 다시금 가 보고 싶다는 생각은 하지 못할 것이다.
천반산은 대중적으로 그리 널리 알려진 산은 아니지만 다녀온 이들에게는 호평을 받는 산이기도 하다.
천반산 능선부는 아늑하게 느껴지지만 주변은 깎아지른 절벽과 아래로는 금강과 구량천이 휘감고 있으니 아찔함과 함께 물길 따라 걷는 맛이 좋은 산행지다.

효빈,길을 나서다~

　건너편은 구량천을 사이로 천반산과 마주하는 고산과 대덕산 줄기다.▲

　고산과 대덕산에서 바라보는 구량천과 죽도, 용담호 등은 또 다른 풍경으로 다가오니 천반산 못지않게 아름다운 산자락이다.

　아래로는 장전마을을 휘감아 도는 구량천과 일률적이지 않게 나눠진 논과 밭 그 모든 것들이 자연스런 우리네 시골 풍경 같아 더욱이나 정감이 가는 이유다. 건너편 저 도로(진성로) 따라 우측으로 가면 진안군 동향면이 나오고, 장수군 천천면이나 무주군 안성면으로 연결된다. 도로 좌측은 진안군 상전면과 진안 읍내로 이어진다.

　마치 도로가 구량천처럼도 보이니 너른 구량천 물줄기가 말라서 바닥을 드러내기 때문이다. 지금은 가물어 그 진면목이 드러나지 않았지만 연분홍 봄꽃들이 올라오고 녹음으로 채워지고 물줄기에도 활력이 생길 때면 이 장면은 근사한 한 샷이 되어 있을 것이다.

이곳에 서면 천반산 정상 뒤로 완전한 설산으로 변한 덕유산이 선명히 드러나니 감탄을 하게 된다.

사진의 한계에 덕유산도, 곡선이 아름다운 구량천도 다 담기지 못했고 눈은 녹아 칙칙함도 감돌지만 그럼에도 지금 이 순간 이 풍경들이 너무나 아름답게 채워졌다.

천반산에 서면 덕유산을 포함 운장산과 구봉산 등 전북권의 수많은 명산들을 마주할 수 있지만, 멀리서든 가까이서든 뽀드락지 종기처럼 두 귀가 쫑긋 솟

은 산, 진안을 대표하는 마이산이 아닌가 싶다.

더 뾰족한 좌측이 숫마이봉, 더 풍성한 우측이 암마이봉이다.

그 우측으로 솟은 광대봉도 알아볼 수 있겠다.

마이산 좌측으로는 내동산도 자리하는데, 내동산은 그 명성에 비해 주변 천 미터가 넘는 산군들을 두루 조망할 수 있는 진안의 명산이다.▲

　대덕산(고산 옆의 대덕산이 아닌 또 다른 대덕산이다.)의 굵은 엿가락 같은 골짜기가 금강과 만나는 지점도 너무 멋스럽다.
이곳에서 보니 마치 대덕산은 옛 지도의 한반도 지형 같기도 하다. 아래로는 금강이다. 단순히 위에서 아래로가 아닌 그 굽이굽이를 돌아서도 제 갈 길을 찾아가니 물길은 참으로 신비롭다.
아홉 굽이를 휘감아 흐르는 구량천은 금강으로 합류하게 된다.
우측 아래 나뭇가지에 살짝 가려진 구량천의 물줄기가 금강과 합류하는 지점도 보이는데 그 지점에 죽도가 자리하는 것이다.▲

    우리의 산하, 참으로 아름답지 않은가.

한동안 잊고 있던 천반산이 갑자기 떠오른 것은 너무나 큰 행운이었다.

전국의 많고 많은 산과 여행지, 어디를 가야 할까 늘 고민을 하게 되지만 꽁꽁 잊고 지내는 곳이 너무나 많으니 이렇게 생각난 것이 고마울 뿐이다.

우리가 미처 다 알지 못해 그렇지 이 땅 곳곳엔 아름다운 명소들이 너무도 많다. 소나무와 벼랑 아래로는 금강이 저리도 유유히 흐르고 건너편엔 골짜기가 매력적인 대덕산과 발 아래로는 죽도의 외딴집까지. 그걸 내려다보는 산객마저 여유로움에 빠져든다.

오지에 가서 알았다. 저절로 싹트고 피는 풀꽃을 가랑잎 밟고 알았다. 미물처럼 사람도 바스락거림을 사람 없는 곳에서 알았다. 달빛처럼 그리운 새소리를

– 권달웅의 「자연율」 중에 –

정여립이 생을 마감했다는 죽도다.▲

죽도는 예부터 대나무가 많고 구량천과 금강이 휘어 도는 곳에 잘록하게 들어간 산허리가 마치 섬처럼 보여 붙여진 이름이다. 이미 예전부터 바위절벽이 수려하고 구량천이 감입곡류하면서 만들어진 절경지였다.

그러다 1970년, 구량천 물길을 돌려 논을 만들겠다고 병풍바위 중간부를 폭파하여 산 가운데가 잘려지게 되었고 섬 아닌 진짜 섬이 되어 버린 것이다.

논은 만들어지지 않았으니 물과 물이 만나는 물길을 제대로 이해하지 못한 결과였을 것이다. 그로 인해 병풍바위에 폭포가 만들어졌다.

그러니까 좌측의 죽도는 섬 아닌 진짜 섬이 되어 버렸고 일대는 죽도유원지라는 이름까지 붙여져 오히려 더 유명한 장소가 되었다.
내가 산에 대해 전혀 알지 못했을 때도 죽도라는 이름은 많이 들어봤으니 말이다.
앞쪽이 구량천, 뒤쪽이 금강이다. 금강은 뒤에 있을 용담호와 합류하게 된다.

죽도 맨 뒤의 아련한 산너울은 진안의 대표적인 명산인 운장산과 구봉산이다.
'정씨가 왕이 되려 한다'는 등 정감록과 정여립을 결부해 소문을 내고 정여립을 역모로 이끈 대표적인 인물은 서얼 출신의 유학자 송익필이다. 아이러니하게도 그 송익필과 연관된 산이 저기 운장산이다.
운장산에서 수학을 했던 송익필. 그의 자 운장을 따서 지은 이름이 운장산, 호 구봉을 따서 구봉산이 되었다고 한다.
물론 구봉산은 「대동여지도」에도 구봉(九峰)이라 표기된 것으로 보아 아홉 봉우리에서 유래한 것으로 보인다. 악연이었던 두 사람은 죽어서도 같은 진안 땅에 이리 마주하고 있으니 이곳에 서며 다시금 그들을 떠올려 보게 된다.

죽도 한가운데를 폭파해 구멍이 뚫린 부분이다.

이제는 마치 원래의 그 모습인 양 아무렇지도 않은 척 병풍바위와 그 위로 소나무 한 그루도 절경을 뽐내고 있다. 칙칙함을 벗어난 다른 계절에 보면 더욱 빛이 날 것이다.

천변을 따라 장전마을로 나가는 길, 만들고자 했던 논 대신 갈대숲으로 변해 버린 이 길은 새로운 명소가 되어 이 길을 따라 가막리유원지까지 트레킹을 하는 사람들도 있고 차

박이나 캠핑을 하는 사람들도 많을 만큼 죽도라 하면 꽤나 유명지가 되었다. 훼손이 심해지자 지금은 차단막을 설치해 차량을 통제하고 있다.

　죽도 일대를 가막리들이라 부르기도 하는데, 장막이 겹겹이 막은 듯한 첩첩산중을 뜻하는 말이다. 초입의 펜션은 운영을 하는 건지 어쩐 건지 멍멍이들만이 요란하게 짖어 댄다.

　뒤로 천반산이 장막처럼 둘러쳐져 있어 그런지 장전마을 이 한 장의 샷이 웅장함과 더불어 깊은 오지마을의 대비처럼 인상적으로 남았다.

　직접 내 눈으로 마주하는 순간에 느끼는 환희에 비한다면 사진과 글은 그저 흔적일 뿐이지만 남김은 또한 언젠가 우리 자연과 풍경과 사람 사는 이야기까지 더듬어 보고 싶은 한 페이지가 될 것이다.

　역사 속 인물과 함께 다시 찾고 싶은, 물길도 산길도 아름다운 천반산이었다.

4. 정선 병방산 한반도 지형 & 정선 조양산

정선에는 동강(조양강)에 형성된 한반도 지형으로 유명세를 타는 곳이 있다.

버스를 타고 정선터미널에 내리면 가장 먼저 병방산에 관한 안내도가 보일 만큼 정선 병방산은 한반도 지형과 스카이워크로 많이 알려져 있다.

짚와이어, 짚라인, 짚코스터, 글램핑장, 산악바이크 등 즐길 수 있는 시설들도 많아 주말, 주중 할 것 없이 사계절 많이들 찾는 정선의 핫 플레이스가 되었다.

병방산이라는 이름은 층암절벽으로 이루어진 험준한 산 아래 강이 흐르고 있어 한 명의 병사가 관문을 지키면 천군만마도 물리칠 수 있는 천연의 지세라 하여 이름이 붙여졌다 한다.

정선터미널에서 병방산 군립공원 (아라힐스 리조트)까지는 2km 남짓으로, 아라힐스와 정선 읍내를 오가는 셔틀버스를 운행하고 있어 스카이워크 입장료가 아깝지만은 않다 느낄 수도 있다. 특히나 주말이나 공휴일엔 주차장이 붐벼 셔틀버스를 이용하는 게 나을 수도 있다. 정선터미널에서 걸어서는 약 40분이 소요된다.

옛날에는 병방산 너머에 있는 귤암리에서 험준한 절벽 사이를 돌고 돌아 정선5일장을 다녔다 하는데 그 꼬부랑 고갯길이 스카이워크와 액티비티한 시설들이 생긴 지금의 병방치다. 귤암리에서 정선읍으로 통하는 산길을 예전엔 뱅뱅 돈다고 해서 뱅뱅이(뱅뱅이재)라 불렀다. 그래서 뱅뱅이전망대라는 이름도 남아 있다.

스카이워크가 있는 병방치 주차장에서 산행을 하겠다면 귤암리나 병방산 방향으로 가면 된다. 어느 방향으로 가도 병방산(861m) 정상과 만날 수 있다. 정상석은 없고 조그만 코팅지를 걸어 둔 게 전부지만 심산유곡 오지산을 걷는 느긋함이 뒤따르게 된다. 봄이면 귀하신 동강할미꽃은 물론이
고 연잎꿩의다리와 복주머니란을 만날 수 있는 행운도 얻을 수가 있다. 병방산 산행보다는 대부분은 차를 가지고 병방치에 올라 한반도지형을 보거나 짚와이어나 짚라인, 산악바이크 등 익스트림 스포츠를 즐기는 게 일반적이다.

스카이워크 입장료는 2천 원이다. 정작 스카이워크에서는 강화유리가 키 높이만큼 둘러쳐져 있어 사진을 제대로 찍기 어려운 한계가 있다. 그래서 스카이워크로 들어서기 전 스카이워크와 한반도 지형을 제대로 담을 수 있는 계단 조망처를 만들어 두었다. 이곳에서는 한반도지형을 배경으로 스스로 찍고 매표소에서 사진을 인화할 수 있는 간단한 리모컨 시설도 갖추어 놓았다.

  스카이워크에 들어갈 땐 유리의 흠집을 방지하려는 취지로 준비되어 있는 덧신을 신어야 한다.

  스카이워크는 2010년 처음 제작되었다가 2018년 리모델링이 되어 본격적으로 관광객들을 유치하기 시작했다. 동강변이 침식과 퇴적으로 감입곡류하며 만들어 낸 한반도지형을 감상할 수 있게끔 바닥은 U자형 투명 강화유리로 제작되었다. 길이는 22m로 생각보다 길지 않지만 해발 583m 절벽 끝으로 U자형 구

조물을 뻗게 해서 하늘 위 구름을 걷는 듯 조금은 아찔하고 짜릿한 경험이 되기도 한다.❀

동강은 감입곡류의 형태로 흐르는 대표적인 하천으로, 하천이 흐르는 바깥쪽 물살은 빠르게 흘러 주변의 암석을 깎아 절벽이 생기고, 하천 안쪽은 물살이 천천히 돌아 모래가 쌓여 이런 한반도 지형을 형성하게 한다. 물길의 바깥쪽은 침식력이 강하고, 안쪽은 퇴적이 이뤄지며 만들어진 지형인 것이다.

정선군이나 아라힐스에서는 스카이워크 발아래 흐르는 강을 익숙한 동강이라 홍보하지만 엄밀히는 동강의 상류인 조양강이다. 정선 읍내를 관통하는 조양강이 정선 가수리 일대 지장천을 만나면서부터 동강이란 이름을 갖게 되는 것이다. 그 동강이 영월로 흐르게 된다. 동강은 영월을 기준으로 동쪽에 있다 하여 붙여진 이름이다.

영월 서강엔 한반도지형으로 인해 면 이름까지 바뀐 유명한 한반도 지형도 있다. 영월군 한반도면 옹정리에 위치한 한반도 지형은 명승으로 지정되어 있다.

스카이워크 말고도 산책로 데크 전망대에서 보는 한반도지형, 그리고 병방산 귤암리 가는 길에도 한반도지형 볼 수 있는 전망대가 있다.

조양강 우측으로는 동강 생태체험학습장이 자리하고 있다.

이곳이 개발되기 전엔 조양강이 휘감아 도는 물돌이 마을만이 고즈넉하게 자리하던 곳이었다. 산책로 전망대에서 한반도 지형을 감상하다 보면 짚 와이어를 타는 사람들의 신나면서도 절규에 가까운 외마디가 계곡에 울려 퍼진다. 짚 와이어 거리는 1.2km, 최고시속 120km로 활강한다 하니 동강 위를 나는 새가 되어 절벽 아래로 떨어지는 짜릿함을 체험할 수 있다.

짚 와이어를 타고 동강 생태체험학습장으로 하강한 뒤 셔틀버스를 타고 병방치 출발지점으로 돌아오면 된다. 요금은 1인 3만 5천 원이고 짚 와이어를 타면 스카이워크는 무료 이용이 가능하다. 오락기구들이 있는 게임장과 편의점, 어린이숲체험, 포토존스카이스윙, 아이스크림&커피, 주차장, 화장실, 정류장 등 편의시설들도 갖추어져 있다.

산행보다는 볼거리 즐길 거리를 찾는 관광지지만 가볍게 한반도 지형을 조망하고 모처럼의 유원지 나들이도 기분 전환에 좋겠고, 걷기를 좋아한다면 차분한 분위기 따라 오솔길로 이어지는 오지 중의 오지인 병방산 산길을 거닐어 봐도 좋은 선택이 되어 줄 것이다.

* 정선 조양산

요즘은 가 보지 못했던 오지산지를 두루 찾아다니고 있지만 사진과 글을 정리하는데 너무 많은 시간이 소요되다 보니 포스팅은 하지 못하고 있다.

정선의 조양산은 읍내에 붙어 있고 길도 좋은 편이라 오지산이라 말할 수는 없다.

조그맣고 조용한 산이지만 조양산 정상에 서면 정선 읍내와 조양강 풍경이 일품이고 주변의 고산준령을 거느린 작지만 알찬 산이다.

가볍게는 조양산만 올라도 좋지만, 산행이 짧다 느껴질 수도 있어 외지에서 찾는 산객들은 기우산과 연계해 걷는 편이다.

정선군은 정선5일장과 병방산 군립공원 등 정선의 관광자원과 연계한 지역경제 활성화를 위해 정상에 시가지를 조망할 수 있는 전망대를 설치했다.

조양산만 오르기에는 산행이 짧은 아쉬움을 기우산과 연계할 수 있도록 등산로도 개설, 연결되어 있다.

그래서인지 곳곳 이정표나 지도엔 기우산과 조양산을 하나의 코스로 묶어 놓았다.

강원도 정선군 정선읍에 위치한 조양산(620m)은 정선 읍내를 한눈에 내려다 볼 수 있고, 정선터미널에서 도보로 5분이면 되는 가까운 거리에 들머리가 있어

접근성이 좋다는 장점이 있다.

조양산의 원래 이름은 대음산이었는데 1706년(영조36) 정선 군수였던 최창유라는 사람이 대음산의 '음'자가 불길하다 하여 '양'이 들어가는 조양산으로 이름을 바꾸었다 한다. 정상 주변은 석회암 절벽이 아찔함을 드러낸다.
암반 지역이므로 위험, 주의하라는 안내문도 곳곳에 세워져 있고 동강 백운산과 절벽이며 생태도 비슷하다는 느낌을 받는다.

현재는 데크로 잘 다듬어 놓아 정상에 바위가 일부만 남아 있지만 몇 년 전만해도 바위지대가 그대로 노출되어 있었다. 조금은 위험해 보이기도 했지만 좀 더 자연친화적이고 스릴감 넘치는 암반 정상부이기도 했다. 지금은 데크 끝 아

래로 CCTV도 설치되어 있다.

　기대치 않은 고요한 산정에 올라 발 아래로 펼쳐지는 전경에는 감탄사를 불러일으킬 만하다. 오지라는 수식어가 어울리는 정선 땅에 이런 아담한 조망처가 있었던 것이다. 마치 자로 잰 듯 둥그런 도로를 만들고 그 안에 읍내가 형성된 모양도 독특하다.

정선 읍내는 크게 반지름 원 안이 최고의 시가지, 그리고 저 정선제2교 건너편과 사진에는 잡히지 않았지만 반지름 좌측으론 정선제1교가 있고 그 다리를 건너면 정선터미널과 이 조양산 들머리가 자리하게 된다.

　정선 읍내 앞으로 흐르는 저 강은 조양강이다.

　조양강을 따라 남쪽으로 내려가다 보면 가수리 오송정의 천년 소나무가 절벽 위로 자란 모습과 병방치를 만나게 되는데 강가 따라서 보는 병방산 병방치는 또 다른 산수미를 느낄 수 있다. 조양강은 강폭도 넓어 쉬어 가거나 야영할 만한 곳들도 많이 있다.

강원도답게 저 속엔 다 알려지지 않은 고산들이 줄지어 늘어섰다.

아우라지가 근방인 상원산과 옥갑산부터 남산, 상정바위산, 반론산, 고양산, 문래산과 각희산, 취적봉 등등…

　취적봉은 한 예능프로에서 다녀간 뒤 더욱이 유명세를 탄 덕산기 계곡을 품고 있고 산정에 서면 어천이 곡을 그리는 풍경과도 마주할 수 있다.

정선군 북평면에 위치한 상정바위산 역시 한반도 지형을 볼 수 있는 산지다.

정선에는 이처럼 유명하진 않지만 원시림을 그대로 품고서 강과 천을 굽어볼 수 있는 산들이 많이 있다.

　첩첩산중 이어지는 산군은 끝이 없으니 오지중의 오지라는 수식어가 붙었을 것이고, 오늘날엔 휴양지로 각광받는 이유가 되었을 것이다.

조양산과 기우산만을 연계하는 게 보통이지만 병방산까지 한 번에 이어 걷기도 한다. 좌측이 병방산, 우측이 병방치다.

여기에서 볼 땐 병방산이 저리 가깝게 있지만 연계를 하자면 낙동산과 폐목장 지대도 거쳐 꽤나 돌아가야 한다. 기우산부터는 등로도 그리 좋지 않을 뿐더러 시간이 많이 걸려 대중교통으로는 해가 짧은 요즘(10월 중순)은 적기가 아니다.

우측으로는 스카이워크와 짚와이어 타는 곳이 있고, 한반도 지형을 볼 수 있는 병방치다. 산꾼이 아닌 이상 보통 병방산을 간다 하면 저 병방치만 올랐다 오는 경우가 대부분이다. 병방치와 병방산을 거쳐 구뎅이산으로 진행할 수도 있다. 그 길에서 우연히 만났던 복주머니란과 연잎꿩의다리의 감격은 지금도 잊을 수가 없다. 발길이 뜸한 강원도 심산유곡 오지땅을 대변해 주고 있었다.▲

　　좌측 아래 병방치 스카이워크 가는 길이 보인다.▲

　　병방치 능선 뒤로는 좌측 청옥산부터 중왕산 가리왕산이다. 조금 당겨 보면 평창 청옥산 풍력발전기가 보인다. 강인한 그 풍차가 곧 쓰러질 것 같은 바람개비 같다.

　　청옥산은 1200m가 넘는 고지대에 형성한 고랭지채소밭으로 유명하다.

　　처음엔 화전민이 거친 땅을 개간해 우리나라 최초로 고랭지채소밭을 만든 것이 지금의 육백마지기의 시초가 되었다. 산행보다는 어느 날부터 차박이나 비박지로 더 유명해졌고 자동차로 오를 수 있어 이제 여행지로 더 인기 있는 곳이 되었다. 특히 6월이면 샤스타데이지 등 온갖 꽃들을 심어 두어 장관을 이루게 된다.

　　가리왕산은 평창올림픽 알파인경기장이 지어졌다가 생태복원 추진 문제로 말이 많았는데 곤도라 운영을 한다는 보도가 있었다. 완전한 원형 복원이 어려우니 생태관광지로 육성을 한다는 취지였을 것이다.

2022년 5월쯤 개통을 해서 3년간 한시적 운영을 한다고 했지만 역시나 이런저런 문제 등으로 보류가 되었으니 언제쯤 운행을 할 수나 있을지, 말 많고 탈 많으니 어찌 될지는 닥쳐 봐야 알 일이다. (2023년 1월 케이블카 일반에 개방)

조양산과 연계하는 기우산 정상 아래쯤엔 '신월리 산성지'라는 안내석이 하나 세워져 있는데 고구려시대라 추정하기도 하고 축조연대를 확실히는 알 수 없지만 7부능선에 위치한 축성 형태나 축조 방식으로 볼 때 삼국시대 이전의 산성이라는 견해도 있다. 기우산 주변으론 이런 돌무더기가 자주 발견되니 그저 굴러다니는 돌이 아닌 신월리 산성의 흔적일 수 있다 생각하면 돌 하나하나도 허투루 볼 수가 없다.

　조양산 산행을 하다 보면 한번쯤 길을 멈추게 되는데 Y자 소나무 하나에 기묘한 것 때문이기도 하다.
아마도 누군가 부러진 소나무 가지를 그냥 버려 두기 아까워 그랬는지 아님 일부러 그런 것인지 어쨌든 조양산 이름과도 연관이 있는 것은 아닐까 싶기도 하다.
원래는 대음산이었다가 음의 기운이 좋지 않아 조양산으로 이름을 바꾸었다 하니 혹 그런 의미로 힘찬 기상을 뜻하는 남근목을 새겨 놓은 것은 아닌지도 생각해 본다. 그렇거나 아니거나 여튼 뭐 잘 봤구만요~ 🌳

~10월 중순, 정선 기우산과 조양산길을 거닐다 만난 식생들이다.
행여 혼란스러울 수도 있어 산형과의 처녀바디일지 흰바디나물일지 또는 바디나물일지 확실치 않은 개체에 대해서는 실지 않기로 했다.
그 특징에 딱 부합되지 않고 제각각인 여러 자료들을 참고하고 대비해 봐도 답을 내리지

69

못할 때, 전문가들마저 다른 결론을 내릴 땐 딜레마에 빠지기도 하지만 살아 있는 생명체가 어디 원래 특성대로만 살아가겠는가. 그것이 또한 산길을 걸으며 새로운 개체들을 살펴보고 공부하는 즐거움이기도 하다.

가시가 위협적인 지느러미엉겅퀴(국화과 엉겅퀴속)다.◀
줄기 양쪽에 지느러미 같은 가시 날개가 있어 붙여진 이름이다.

산박하(꿀풀과 산박하속)다. 암수술이 꽃잎 밖으로 튀어나오지 않는 특징을 가지고 있다. 전체적으로 조그마하다.▼

비교적 쉽게 접할 수 있는 산박하와 오리방풀은 암수술이 이렇게 화관(꽃잎) 밖으로 나오지 않는다. 암수술이 화관 밖으로 튀어나와 있는 이것은 방아풀(꿀풀과 산박하속)이다.

암술과 수술이 모두 화관 밖으로 길게 튀어나오면 방아풀, 수술이 짧아 암술만 꽃잎 밖으로 튀어나오는 것을 자주방아풀이라 구별한다고 하지만 암수술이 모두 튀어나온 듯 아닌 듯 중간 형태를 보이는 것들도 있다.

꽃받침이 녹색이면 방아풀, 자주색을 띠면 자주방아풀이라 하는 학자들도 있지만 방아풀도 자주색을 띠는 게 많다.▲

방아풀이라 하면 흔히 매운탕이나 추어탕에 넣어 먹던 방아잎이라 착각하시는 분들도 계시지만 방아잎이라 부르던 그 식물은 국명이 배초향(꿀풀과 배초향속)으로 방아풀(꿀풀과 산박하속)과는 다른 종이다.

백운산 뻥대(절벽) 주변에서도 자생하는 회양목(회양목과 회양목속)이 여기 조양산 정상 부근에도 많이 자라고 있다. 회양목은 주로 석회암층에 자생하는데 요즘은 공원이나 가로수의 낮은 조경용 울타리로 많이들 보았을 것이다.▲

 잎자루가 없고 3개의 잎맥이 뚜렷하고, 4개의 잎이 돌려나기 하는 민둥갈퀴(꼭두서니과 갈퀴덩굴속)다.
아주 흡사한 긴잎갈퀴보다 민둥갈퀴 잎이 꼬리처럼 더 뾰족하고 기다란 편이다.
긴잎갈퀴는 꽃이 풍성한 편이지만, 민둥갈퀴는 꽃이 듬성하게 피니 열매 역시 빈약하게 달리는 편이다.▲

별처럼 빛나는 자주쓴풀(용담과 쓴풀속)이다.▲

  10월 중순, 조양산 산행 중 가장 많이 만나는 아이였고 몇 년 산행 중 가장 많은 자주쓴풀을 보았다. 자주쓴풀 사진만 60장은 넘게 찍은 듯하다. 자주색에서 하얗게 물이 빠진 녀석들도 사랑스럽다.

  자주쓴풀은 쓴 것으로 유명한 용담과에 속하고, 그 쓴맛이 어찌나 강한지 뜨거운 물에 천 번을 우려내도 쓴맛이 가시지 않는다 하여 쓴풀이란 이름이 붙여졌다. 자주쓴풀 주변으로 잎이 알록달록한 알록제비꽃 잎도 유독 많이 보인다.

그냥 넋 놓고 걷다가는 이 아이를 놓치게 된다.▲

워낙 작다 보니 눈에 잘 보이지도 않거니와 아는 만큼 보인다고 모르는 상태에서는 그냥 지나칠 확률도 높아지기 때문이다.

평소 산행 때는 잘 만나기 어려운 병아리풀(원지과 원지속)이다. 발길이 뜸한 곳이라 그런지 꽤나 번식력 있게 분포하고 있다.

크기가 작은 것은 3cm쯤, 손가락 한 마디가 채 되지 않고 그 자그마한 몸짓을 하고도 이리도 당당하고 우아한 몸짓을 하고 있다.

병아리처럼 아주 작고 귀

여운 자태를 가져 병아리풀이라는 이름이 붙여졌을 것이다.

워낙 작다 보니 관심도 없었고 그저 잡초 취급을 받다가 어느 순간 점점 사라지고 자생지를 일부러 찾아가지 않으면 만날 수 없는 귀한 대접을 받게 된 것이다.

원지과 원지속에 속하는 한해살이풀 병아리풀은 8~10월에 줄기와 가지 끝에 꽃이 달리는 총상꽃차례로 연한 자주색 꽃은 한쪽 방향으로 치우쳐 아래에서 위로 피어오른다.

꽃도 아주 작은 데다 꽃의 구조도 복잡해 육안으로는 확인이 어렵다.

내 보급형 렌즈로는 확대해 봐도 이 조그마한 꽃 속을 더 자세히 들여다보기는 어렵지만 병아리가 달걀을 품듯 안쪽으로 노란 알이 앙증맞기 이를 데 없다.♡

물매화(물매화과 물매화속)를 만나는 행운까지 얻었다.▶

곱디고운 꽃술은 이미 다 떨궜지만 그래도 아직 지지 않고 자태를 드러내니 이마저도 흐뭇할 따름이다.

꽃밥이 붉은색을 띠는 물매화를 립스틱물매화 또는 연지물매화라 부르기도 하지만 국명은 아니다. 평창 금룬산 대덕사 일대엔 립스틱물매화를 비롯해 병아리풀과 솜다리, 솔체꽃, 백부자 등 희귀 야생화가 군락을 이루는 신비한

계곡이 있다.

    병아리풀에 물매화까지 자라는 것을 확인하였으니 기우산과 조양산의 여름엔 어떤 식생이 자라고 있을지 기대를 부추기기도 한다. 내년 7~8월경에 다시 꼭 찾아보리라 메모도 잊지 않는다.

    다 저물어 가는 이 계절에도 강원도답게 야생화가 풍부하다.
구절초(국화과 산국속) 없는 가을이 어디 가을이겠는가.

가을 산 어디라도 길을 밝혀 주니 역시 너 만한 이가 없다.

구절초는 음력 9월 9일에 채취한 것이 약효가 가장 좋아 구절초라는 이름이 붙여졌다. 5월 단오에는 다섯 마디이던 줄기가 9월 9일(중앙절)에는 아홉 마디가 된다는 뜻의 구, 중앙절의 절이나 꺾는다는 의미의 절을 써 구절초가 되었다니 이름 하나에도 이런 깊은 뜻이 있었다.▲

이고들빼기(국화과 고들빼기속)와 개쑥부쟁이(국화과 참취속)다.▲

끝없이 이어지는 노란색의 이고들빼기와 보라빛을 띠는 자주쓴풀의 천연색이 조금 어두운 숲에 활력을 준다. 입이 닳도록 하는 말이지만 스스로 컬러를 만들어 내는 자연의 색만큼 아름다운 것도 없다.

❋ 그동안 우리가 흔히 만나던 개쑥부쟁이는 갯쑥부쟁이의 오동정이었다고 한다. '갯'이라는 접두사가 해안가 근처에서만 자라는 것으로 오인하게 만든 이유이기도 했을 것이다. 갯쑥부쟁이는 산이나 들, 바닷가 근처 어디든 흔하게 만날 수 있지만 개쑥부쟁이는 북방계식물로 우리나라에서는 설악 일대에서만 확인이 되

었다 한다. 그러나 이를 부정하는 사람들도 있고, 여전히 개쑥부쟁이로 불리고 있어 혼란을 부추기는 존재다. 개쑥부쟁이든 갯쑥부쟁이든 이 계절엔 너만 한 이가 없구나. 자신이 없을 땐 그저 쑥부쟁이 종류라 불러도 좋겠다.

한쪽으로 치우쳐 꽃을 피우는 꽃향유(꿀풀과 향유속)다.▶
아무 수식 붙지 않는 향유는 꽃색이 더 연하고 꽃대가 가느다랗고 긴 편이다.

민들레처럼 후 불면 날아갈 것만 같다. 솜나물(국화과 솜나물속)이 열매를 달았다.▲

하산 길도 자주쓴풀을 비롯해 솜나물, 구절초, 개쑥부쟁이 등 가을꽃이 수를 놓는다. 쑥부쟁이 종류도 내내 이어진다.

잎이 유독 가늘고 긴 것은 가는쑥부쟁이가 아닌지 의심 가는 녀석들도 만난다. 쑥부쟁이는 잎이나 설상화 등도 구별 포인트지만 무엇보다 관모를 확인해 보는 것도 중요한 일이다.▲

산여뀌(마디풀과 여뀌속)다.▲

이미 열매를 맺었다. 충북 이북, 주로 강원도 석회암 지대에 자생하는 돌마타리(마타리과 마타리속)다. 노란 꽃을 피우는 마타리, 금마타리, 돌마타리 중 산길을 걷다 가장 만나기 어려운 아이가 돌마타리 아닐까 싶다. 물론 금마타리 역시 마타리만큼 흔하진 않다.

노란 꽃봉오리 맺힌 모습은 7월 말경 정선 석병산 바위지대에서 담은 것이다.

석병산은 백리향, 개회향, 가는대나물, 구름체꽃, 솔나리, 한계령풀 등 귀한 식생들이 자생하고 있어 한번쯤 가 봐도 좋은 백두대간 산지다.▲

깊고도 깊은 정선 땅에 널리 알려지지 않은 기우산과 조양산이지만, 그 속에 피고 지는 다양한 들풀꽃들은 마지막 가을을 수놓고 조양강을 끼고 아늑하게 자리 잡은 정선읍내의 풍경엔 긴 시름도 잠시 내려놓게 되는 마법이 있다.

정선은 병방치 스카이워크 이외에도 레일바이크와 정선5일장, 아라리촌과 아우라지, 백두대간생태수목원, 화암동굴, 만항재, 정암사 등도 유명하다.

5. 순창 용궐산 하늘길과 섬진강 요강바위

2021년 전국 226개 기초자치단체에 대한 브랜드평판 조사에서 꼴찌를 했던 순창군이 2022년에는 무려 90위나 껑충 뛴 139위를 차지했다. 브랜드평판지수는 소비자들의 활동 빅데이터를 미디어지수, 소통지수, 참여지수, 커뮤니티지수로 분석하는데 대부분 100위 안에는 서울시의 자치구와 다른 지역의 도시들이 차지하고 있다.

보통은 작년의 순위와 크게 차이가 나지 않지만 90위가 상승한 순창군의 브랜드평판은 가히 주목할 만한 일이다. 그동안 다양한 채널을 통해 새로운 관광자원에 대한 적극적인 마케팅과 각고의 노력이 빛을 발한 것이다. 천혜의 자연환경 속에 강천산을 비롯하여 출렁다리가 생긴 채계산 그리고 용궐산 하늘길이 관광객 유치에도 큰 몫을 하게 되었다.

용궐산은 그동안 널리 알려지지 않다가 2021년 4월, 거대 암벽에 데크로 된 하늘길이 개통되면서 유튜브나 SNS 등을 통해 핫한 장소로 주목을 받게 된다.

하늘길은 용궐산 대슬랩 바위 절벽에 용이 승천하는 듯한 ㄹ자 모양의 540m 잔도가 놓이면서 등반이 힘들었던 많은 이들도 하늘길에서 섬진강을 조망할 수 있게 되었다. 접근성이 좋아졌고 국내 최초의 잔도길이라는 것도 뜨거운 관심을 받게 된 이유였을 것이다.

이른 아침에 올라서면 섬진강을 따라 물안개 낀 모습도 장관일 것이다.

 내가 마지막으로 2018년 용궐산을 찾았을 때만 해도 찾는 이들이 많지 않아 이 멋진 산의 진면목을 너무 모른다는 안타까운 마음도 있었는데 하루아침에 초집중 명소가 되어 버렸다.

 주말에는 얼마나 차량이 밀리던지 주차장 주변에서 오도 가도 못하고 2시간 넘게 갇혀 있었다는 후문도 들리고 진입로 확장공사 소식까지… 특히나 봄을 맞는 꽃철이나 단풍철에는 관광객들로 인산인해를 이루게 된다.

 산에 무언가를 만들고 큰 이벤트가 생겨야만 유명세를 타는 게 좀 씁쓸하기도 하지만 어쨌든 섬진강을 낀 절경지라는 게 입증된 셈이다.
그동안 순창하면 떠오르던 강천산과 2020년 3월 국내 최장거리인 출렁다리를 세워 핫해진 채계산과 어깨를 나란히 하게 되었다.
용궐산과 채계산은 차로 약 15분 거리에 위치하고 섬진강을 한눈에 조망할 수 있다는 공통점을 가지고 있다.

거대 암벽에 세워진 용궐산 하늘길이다. 이 사진들은 단편적이지만 드론을 띄워 전체를 담으면 멋진 샷이 된다. 원주 소금산 잔도는 철로 만든 잔도길에 아래로 구멍이 숭숭 뚫려 약간의 아찔함이 전해지기도 하는 반면 용궐산 하늘길은 목재로 만들어져 일반 산행 시 나무 데크를 걷는 듯한 편안함이 있다.

　섬진강 위를 걷는 하늘길이라는 표현이 와닿을 만큼 용궐산 하늘길은 무엇보다 섬진강을 내려다보며 걷는 맛이 일품이다. 잔잔히 흐르는 섬진강을 따라 '섬진강 자전거길'도 조성되어 있어 잔차를 즐기는 사람들에겐 섬진강을 누리는 또 다른 방법이 되기도 한다. 반려인구가 늘어나자 순창군은 섬진강 건너편에 있는 '섬진강 마실휴양 숙박단지'를 기점으로 용궐산까지 섬진강변을 따라 4km의 '반려견과 함께하는 우선 안심 걷기 길'을 만들어 주변 풍경을 마주하며 여유로운 걷기도 가능해졌다. 섬진강 건너편에 있는 산은 벌동산이다. 벌동산 역시 여기 용궐산 못지않은 거대 암벽으로 이루어진 산이다. 벌동산 아래엔 캠핑을 할 수 있는 '섬진강 마실휴양 숙박단지'가 있어 여유롭게 쉬어 가고 싶은 객들이 찾기에도 제격이다. 섬진강 돌다리를 건너 용궐산 하늘길을 오를 수도 있고 요강바위까지 산책 삼아 다녀와도 좋다.

    임실군 강진면 방향에서 흘러드는 섬진강 상류, 현수교가 세워진 저곳이 요강바위가 있는 장군목 유원지다. 장군목이라는 이름은 풍수지리상 험준한 두 봉우리가 마주 서 있는 형상이 장군대좌형이라 유래하였다 한다.
    지형이 장구의 잘록한 모습을 닮았다 하여 장구목이라 불리기도 한다.
    섬진강은 전북 진안군 백운면 팔공산 서쪽 계곡에서 발원하여 임실, 순창, 곡성, 구례, 하동을 지나 광양만으로 흘러드는 약 222km의 물줄기다. 전북과 전남, 경남의 삼도를 거치게 된다.
원래 섬진강은 다사강, 두치강, 모래가람, 모래내, 사천 등으로 불릴 만큼 모래가 고왔다고 한다. 고려 1385년(우왕11)경 섬진강 하구에 왜구가 침입하자 수십만 마리의 두꺼비 떼가 울부짖어 왜구가 광양 쪽으로 피해 갔다 하여 그때부터 두꺼비 섬(蟾)자를 써 섬진강이라 불리게 된다.

하늘길 나무 계단에는 좋은 글귀나 사자성어가 곳곳에 쓰여 있고, 섬진강을 향한 대슬랩에는 선인들의 글씨를 암각화 해 놓았는데 훼손이라 보는 사람들과 작품이라 보는 견해들 사이에서 말이 많기도 했다.

어차피 하늘길을 만들면서 이미 훼손인데 바위에 글자를 새겼다고 더 큰 훼손일 것까지야 없다는 측과 길은 편리를 위해 만들었고, 좋은 글귀는 안내문으로도 족한데 굳이 바위에까지 글을 새긴 것은 보기 불편하다는 측의 팽팽한 기싸움이 느껴지기도 했다. 뭣이 되었든 간에 이젠 그저 아름다운 용궐산과 섬진강 풍경으로 기억하면 좋겠다. 하늘길이 생기기 전, 용궐산의 주들머리였던 어치계곡 일대에도 이미 곳곳에 고사성어들을 바위에 새겨 놓고 있었다.

수승화강 : 찬 기운은 올리고 뜨거운 기운은 내린다.

인걸지령 : 뛰어난 인물은 신령스러운 땅에서 태어난다.

상선약수 : 최고의 선은 물과 같다.

인자요산 : 어진 사람은 산을 좋아한다.

지자요수 : 지혜로운 사람은 물을 좋아한다.

계산무진 : 계곡과 산이 끝이 없다.◀

계산무진은 추사 김정희(1786~1856) 선생의 작품으로 추사체의 완성도가 절정에 이른 68세 무렵에 쓴 것이라 추정된단다. 산과 강, 대자연을 보는 듯 글씨를 넘어 그림이라는 안내문구가 덧붙여져 있다.

제일강산 (경술이월 여순옥중에서 대한국인 안중근 쓰다.)▲

　안중근 의사(1879~1910)는 31세(1909년)에 러시아 연해주에서 결사동지 11명과 손가락을 끊어 태극기에 '대한독립'을 혈서하며 구국운동을 맹세한다. 그 뒤로 글을 쓴 뒤 손가락 하나가 짧은 왼쪽 손바닥을 찍어 남기게 된다.
1910년 경술년 3월 26일, 형장 앞에 선 그는 "나는 대한독립을 위해 죽고, 동양평화를 위해 죽는데 어찌 죽음이 한스럽겠소"마지막 말을 남겼다. 그의 나이 32세였다.

　전북 순창군 동계면에 위치한 용궐산(646.7m)의 원래 이름은 용여산이었다가 그 뒤 용골산으로 불렸는데 '용의 뼈다귀'라는 죽은 의미의 어감이 좋지 못해 산이 살아서 생동감 넘치는 기운을 갖자는 주민들 의견을 받아들여 2009년에 용궐산으로 개명하였다.

용궐산은 용이 사는 궁궐이라는 뜻으로, 산세가 용이 하늘을 날아가는 형세라 하여 붙여진 이름이다. 정상석 역시 하늘길이 생기면서 큼지막하게 새 단장을 하였다.

　하늘길 초입의 치유의 숲과 자연휴양림에는 많은 수목과 화초류, 다양한 꽃동산 그리고 정자와 원두막 등 휴식 공간도 조성을 하였다.

하늘길이 생기기 전에는 무량산과 연계하는 경우가 많았고 어치계곡이 용궐산의 주들머리가 되었는데 지금은 대부분 치유의숲(산림휴양관) 주차장을 이용한다.

등산코스는 치유의숲~하늘길~비룡정~용궐산 정상~요강바위(내룡마을)까지 약 6.5km 거리다. 정상보다는 하늘길까지 또는 하늘길 위의 비룡정까지 올랐다가 내려오는 사람들이 많다. 그래서인지 등산화가 아닌 운동화 차림으로 가볍게 오르는 사람들을 많이 볼 수가 있다. 국립공원이나

이슈가 있거나 도심의 산이 아닌 이상 평일에는 사람을 거의 볼 수가 없는 반면 접근성이 좋아져 힙해진 하늘길 덕분에 용궐산은 주중에도 관광객들을 어렵지 않게 만날 수 있다.

   물론 하늘길만 걷는 게 대부분이라 정상으로 향하는 길은 조용한 편이다. 산행을 크게 즐기지 않는 분이라면 비룡정까지 올랐다 다시 치유의 숲(산림휴양관)으로 하산하는 것을 추천한다. 정상 가는 길은 가팔라 힘겹게 느껴질 수도 있으니 말이다.

용궐산이 하늘길만 부각되는 건 아쉬움이다. 정상에 서면 조망이야말로 일망무제다.

한없이 멈춰서 주변 감상하고픈 명산들의 행렬이다.

아래로는 섬진강이 굽이돌고 겹겹이 수많은 산너울들은 무등산을 향해 간다.

무등산과 지리산은 물론이고 지리산 서북능선, 문덕봉과 고리봉, 동악산, 백아산, 모후산, 강천산, 추월산, 병풍산, 회문산과 여분산 등 조망이야 더할 나위가 없다.

   산길을 오르다 물결치는 산너울을 보는 것은 그것만으로도 행복한 일이다.

   600m급 산지라기엔 조망도 아주 좋고 지리산과 호남의 모든 너울들을 거느렸으니 그 충만함은 덤이 되는 곳이다.

   요강바위 방향으로 내려서며 바라본 용궐산 정상이다.
용궐산엔 용굴과 삼형제바위도 있다.

　하산 지점에 있는 요강바위를 만나는 것도 용궐산행의 묘미가 된다.

　섬진강 상류, 크고 작고 둥글둥글하고 오묘한 너럭바위들이 3km에 걸쳐 있는 이곳이 내룡마을에 위치한 장군목 유원지다.

　장군목 일대는 하늘길이 생기기 전에도 요강바위라는 독특한 바위가 있어 산에 오르지 않고도 알음알음 찾아들 오는 명소였다.

　요강바위 자체도 볼 만하지만 오랜 세월이 빚어 낸 자연 그대로의 다양한 바위들도 큰 볼거리다.

요강바위다. ▲

　가운데 깊이 패인 구멍이 마치 커다란 요강처럼 보인다 하여 요강바위라 이름 붙여졌다. 가로 2.7m, 세로 4m, 깊이 2m, 무게는 무려 15톤으로 어른 몇이 들어갈 정도의 크기다.

　요강바위가 수억 원을 호가한다는 소문이 나면서 1993년 중장비를 동원해 요강바위를 싣고 가 버리는 도난 사고가 일어났고 그 이후에 주민들의 노력으로 1년 6개월 만에 되찾기도 했다. 그런 귀한 요강바위니 주민들이 수호신처럼 받들지 않을 수가 없었을 것이다. 전쟁 때는 마을 사내들이 요강바위 속에 몸을 숨겨 화를 모면했다 하고, 건장한 아들을 갖기 원하는 여인이 이 바위에 정성스럽게 지성을 드리면 소원이 이루어진다고도 전해진다.

요강바위 말고도 장군목 너럭바위군에는 온갖 재미난 표정들이 넘쳐 난다.

귀여운 요괴 얼굴도 보이고, 피로 물든 듯한 누군가의 한쪽 발도 인간이 흉내 낼 수 없는 기묘한 전시작품이 되었다. 사람 얼굴, 선글라스 모양, 줄줄이 하트 등 보이는 대로 이름 붙여 보는 재미도 좋다.

~9월 중순, 용궐산에서는 특별할 것 없이 민초 같은 닭의장풀, 산박하, 주홍서나물, 쥐깨풀, 참취, 까실쑥부쟁이, 기린초, 꼭두서니, 물봉선, 고마리, 쥐꼬리망초, 등골나물 등을 볼 수 있었다.

눈에 띄는 게 없는 산길에 주홍서나물(국화과 주홍서나물속)이 유독 많이 보인다.▼

꽃은 주홍색이면서 꽃차례를 아래로 축 늘어트린 것이 주홍서나물이고, 비슷한 붉은서나물은 녹색을 띤 검붉은 두상화로 꽃차례가 쳐지지 않고 꼿꼿하게 선다. 주홍서나물은 잎자루가 있지만, 붉은서나물은 잎자루가 없는 편이다.

참취(국화과 참취속)다. ▲

얼핏 꽃이 까실쑥부쟁이와 비슷하여 혼동할 수도 있지만 참취는 아래 잎이 둥글고 넓적한 심장형이라면, 까실쑥부쟁이는 아래의 잎도 길쭉하고 타원상 피침형이라 구별된다.

잎이 길쭉한 피침형인 까실쑥부쟁이(국화과 참취속)다. ◀

　만날 때마다 헛갈려 쥐깨풀(꿀풀과 쥐깨속)인지 들깨풀(꿀풀과 쥐깨속)인지 다시 들여다보는 녀석이다.

　들깨풀은 꽃차례 바로 아래의 잎엔 잎자루가 거의 없고, 화축이며 줄기에 백색의 잔털이 많다. 들깨풀 한쪽 잎엔 6~13개의 톱니가 있는 반면 쥐깨풀은 잎 가장자리 한쪽에 7개 미만으로 대부분은 4~6개로 잎의 톱니가 적은 편이다. 쥐깨풀은 꽃차례 바로 아래의 잎에도 잎자루가 긴 편이다. 엽질은 들깨풀보다 얇고 잎자루가 길고 잎 가장자리 한쪽 톱니가 4~6개로 적은 이것은 쥐깨풀이다.▲

잎자루가 거의 없고, 잎엔 톱니가 10개 이상으로 많은 들깨풀(꿀풀과 쥐깨속)이다.▲

꽃 아래 모양이 마치 다슬기나 고동의 끝처럼 돌돌 말리는 물봉선(봉선화과 물봉선속)이다.

흰물봉선(봉선화과 물봉선속)과 노랑물봉선(봉선화과 물봉선속)까지 물봉선 삼총사를 모두 만난다. 자주 만나는 물봉선 이외에도 처진물봉선, 꼬마물봉선 등이 있다.◀▼

    순창에서 장군목까지 가는 버스가 일 2회(06시 20분, 13시 50분) 운행하지만 시간을 맞추기 어려워 대중교통을 이용하시는 분들은 순창에서 택시(택시비는 2만 원 정도)를 이용하는 편이다. 용궐산이 순창에 속해 있지만 임실군 강진면에서 택시를 이용하면 더 가깝고 택시비도 저렴한 편이다. 택시비는 장군목 유원지까지 1만 원(2022년 하반기 기준)이 나오고 서울 강남고속터미널과 강진을 오가는 버스도 일 5회(왕복 10회) 운행되고 있어 편리하다.

    시원한 물줄기 섬진강은 덤이요, 섬진강 위를 거니는 듯한 하늘길 대슬랩과 탁 트인 조망까지. 신비로운 섬진강 핏빛 구덩이에서는 곳곳 찾아보는 재미와 잃어버린 붉은 양말 한 짝과 귀여운 요괴도 만나 보실 수 있을 거랍니다.^^

    험한 산길에 잔도 하늘길이 놓이며 핫 플레이스가 된 순창 용궐산이었다.

6. 기암절벽과 홍천강을 끼고 - 홍천 팔봉산

우리나라에는 봉우리 개수에 따라 산 이름이 정해진 곳들이 많다.
지역마다 많은 칠봉산이 그러하고, 서산 팔봉산도, 대전 구봉산도, 진안 구봉산도 그러하듯 홍천 팔봉산 역시 8개의 봉우리로 이루어진 산이라 붙여진 이름이다.

강원도 홍천군 서면 팔봉리에 위치한 팔봉산(328m)은 홍천강이 삼면을 둘러싸고 있어 강가 조망을 따라 기암 능선을 걷는 대표적인 암릉 산행지라 할 수

있다.

  홍천 팔봉산에 대해서는 많은 설명이 필요치 않을 만큼 유명 관광지이자 나들이 장소가 되기도 한다.
해발은 낮고 홍천강을 끼고 1봉에서 8봉까지 한 바퀴 돌면 되는 심플한 구조로 되어 있지만 수직암벽이 높고 가팔라 그리 만만한 산은 아니다.
관광지답게 팔봉산 관광단지 주변도 한결 깨끗해졌고 넓직한 주차장도 갖추었다.

  사찰이나 출렁다리, 이벤트성 시설들이 없음에도 등산을 위해 입장료를 내는 거의 독보적인 곳이기도 하다. 어른은 1500원, 청소년 1000원, 어린이 500원… (2022년 하반기 기준)

  입장료가 있는 다른 산지 같은 경우, 다양한 루트로 오를 수 있는 방법이 있기도 하지만 홍천 팔봉산은 입구도 출구도 매표소 앞이 유일하다.

야간등반(18시 이후)은 허용되지 않고 겨울(결빙기~해빙기)에도 등산로를 폐쇄한다. 눈 내린 설경을 보고자 무작정 버스 타고 갔다가 겨울엔 등반금지란 얘기를 듣고 허탈하게 발길을 돌린 기억도 있다.

이렇게까지 규제가 심한 이유는 해발은 낮지만 산세가 험하고 바위 절벽 곳곳에 위험이 도사리기 때문이다. 매표소 입구에는 뜬금없다 생각할 수도 있는 남근 모양들이 세워져 있는데 안내문에는 그 이유에 대해 적혀 있다.

팔봉산은 암벽으로 둘러 처진 산이라 곳곳에 추락요소가 많다 보니 20여 년 전부터 사고가 빈발하여 다치는 사람들이 많아지고 사망사고도 생겨났다.

뚜렷한 묘책이 없던 때에 지나던 노인이 팔봉산은 음의 기운이 너무 세서 사고가 자주 발생하니 이를 다스려야 한다 하였단다. 이에 팔봉산관광지 관리사무소와 팔봉산 상인회에서는 음기를 중화시키고 사망하신 분의 혼령을 달래고자 남근목을 세우게 되었단다. 10년 전 찍었던 사진과 비교해 보면 확실히 그때는 입구에 남근목들이 세워져 있지 않았다.

1봉과 3봉 그리고 5봉이다.▲

팔봉산은 1봉부터 8봉까지 정상석이 모두 세워져 있지만 워낙 작아 어느 봉우리엔 정상석을 찾아야 할 정도로 잘 보이지 않는 경우도 있다.

최고봉은 2봉이지만 따로 해발이나 최고봉이라는 표시는 해 두지 않았고, 3봉이 가장 조망도 좋고 정상석도 그나마 큼지막한 편이라 3봉을 정상으로 착각하기도 한다. 무지막지하게 큰 정상석을 곳곳에 남발하는 일부 산들에 비하면 소담스러워 정감이 가기도 한다.

1봉과 2봉 올랐다가 매표소로 하산하는 A코스,
1봉에서 7봉까지 등반한 뒤 가장 험하다는 8봉 오르기 전에 하산하는 B코스,
1봉부터 8봉까지 그리고 홍천강으로 내려와 매표소로 돌아 나오는 것이 C코스다.

A, B, C 어느 코스든 매표소 입구로 되돌아가게 되어 있다.

산행을 위해 찾은 사람들은 보통 C코스로 마치는 게 일반적이고, 관광 삼아 들른 사람이나 체력이 미치지 못할땐 A, B코스도 많이들 선택한다.

일방통행이므로 반대로 오르거나 되돌아올 수 없으니 암벽 구간이 힘들다 싶을 땐 우회하는 것도 좋다.

산행 경험이 많지 않은 나들이객도 워낙 많이 찾는 관광지 개념의 산이다 보니 위험하다, 가파르다 하지만 사실 널리 알려지지 않아서 그럴 뿐 전국적으로 더 험하게 느껴지는 산들은 많이 있다.

게다가 여기 팔봉산은 철 계단이며 밧줄 등을 잘해 두어 주의한다면 크게 어려울 건 없다.

팔봉산에 가면 두 번을 놀란다는 사람들도 있다. 명성에 비해 해발이 너무 낮아 놀라고, 그 낮은 해발에 막상 올라 보면 바위와 암벽이 높고 경사가 심해 놀란다고.

팔봉산의 여덟 봉우리를 모두 보려면 이런 철 계단이나 난간, 로프을 잡고 끊임없이 오르내려야 하니 절대 만만한 산은 아니다. 단체객이 많고 줄지어 오르는 사람들로 지체되기도 할 때엔 더욱이나 안전에 주의를 기울일 필요도 있다.

호반,길을 나서다

그럼에도 많은 사람들이 팔봉산에 오르는 이유는 기암절벽을 끼고 홍천강은 흐르고, 멋들어진 소나무가 이들과 쌍벽을 이루니 절경을 마주하기 때문이다.

같은 홍천강, 같은 소나무지만 봉우리 봉우리마다 그 느낌은 모두 달라지니 날카롭게 솟은 기암들이 큰 몫을 하고 있음이다.

몇 년에 한 번씩 다시 찾을 때마다 소나무는 많이 고사되어 안타까움을 주기도 한다. 그 생을 다한 고사목마저 풍경이 되는 팔봉산이다.

2봉에는 삼부인당(삼선당)이라는 당집이 있는데 주변 지역민들은 400년 전부터 여기 삼부인당에서 매년 3월과 9월에 주민들의 안녕과 질병, 풍년과 재액, 흉년을 주재하는 세 여신을 모시는 당굿을 벌여 왔다 한다. ▶

팔봉산 하면 4봉의 해산굴이 유명하다. ▼

전국의 많은 해산굴 중에 가장 빠져나오기 힘든 굴이 홍천 팔봉산이 아닐까 싶다. 뒤에서 누군가 살짝이라도 발을 받쳐 주거나 도움을 주지 않는 한 스스로는 쉽게 빠져나가기 힘드니 좁은 공간에서 나름 요령이 필요하다.

그러니 필자처럼 몸이 무딘 사람이나 행여 비싼 등산복을 입으신 분들은 조심하시길 바란다. 옷과 배낭이 해질 수 있기 때문이다. 체격이 크신 분들도 잘 생각하고 결정하셔야 한다. 역주행은 안 되고 뒤에선 줄지어 기다릴 사람들 생각을 하면 속이 탈 테니 말이다.

마치 해산하는 산모의 고통처럼 바위굴을 어렵게 빠져나와야 해서 붙여진 이름이다. 어느 남자분, 한참을 빠져나오지 못하고 갈 길 잃은 손만 방향을 틀어 허둥대고 있었다. 해산굴을 통과하지 않고 4봉으로 가는 길도 있으니 굳이 걱정할 필요는 없다.

여름이면 홍천강으로 피서를 오는 사람들이 많기 때문에 홍천강가에 텐트를 치거나 주변엔 유원지나 캠핑장도 많이 들어섰다.

여기 팔봉산에서 차로 10분만 더 가면 유명한 비발디파크도 있다. 몇 년 전까지만 해도 동서울터미널에서 비발디파크 가는 버스가 운행되어 피서 철이면 20대 청춘남녀들로 가득 메워졌고, 그 버스를 타면 팔봉산 입구에서 내려 주니 참 편리했던 기억도 있다. 지금은 경춘선 김유정역에서 대명비발티파크와 춘천을

오가는 버스를 이용하면 된다. 하루 7회, 왕복 14회 운행이니 교통도 그만하면 괜찮은 편이다.

　홍천에는 가리산휴양림이 있는 가리산, 수타사가 있는 공작산, 가령폭포가 있는 백암산, 설경산행지로 유명하고 평창과 경계에 있는 계방산 등이 있지만 여기 팔봉산처럼 홍천강을 끼고 하는 산행지가 있다. 홍천군 남면과 북방면에 걸쳐 있는 금학산이다.

　정상에서 내려다보면 유려한 곡선으로 돌고 돌아 태극 형상을 만들어 내니 금학산 수태극이라 부른다.

금학산 발 아래로 태극선을 그리며 굽이굽이 흐르는 홍천강.▼

가장 험하다는 팔봉산 8봉이다.▲

7봉에서 8봉 가는 길에는 가장 가파르고 험한 길이라는 경고판도 세워져 있다.

8봉은 안전사고가 자주 일어나는 곳이므로 풍부한 등산 경험이 없거나 체력이 약하신 분, 노약자, 부녀자는 현 지점에서 하산하라는 안내문이다.

조금 가파르긴 하지만 집중만 한다면 무난히 8봉까지 완주하는 데 아무 문제는 없다.

8봉에서 홍천강으로 하산하는 길 역시 급경사 내리막길이라 조심해야 할 구간이다.

 이렇게 급경사 암벽들로 이루어진 산이다 보니 겨울철 산행이 금지되었다.

 그러나 홍천강과 소나무와 기암절벽이 한데 어우러지니 풍광이야 더할 나위가 없다.

8봉에서 홍천강가로 내려가는 하산 길 계단은 조금 신경을 써야 한다.

개인적으로는 팔봉산에서 이 길이 가장 불편하게 느껴졌다.

 그래도 양 옆으로 손잡이가 되어 있으니 내려갈 만하다.

　　마지막 8봉을 내려오면 홍천강가를 따라 매표소로 이어지는 길도 아기자기 운치 있다.

　　바위산의 특성상 바위 능선엔 야생화가 많지 않지만 습한 흙길이나 강가 절벽 주변으로 다양한 생명들이 자라고 있어 관심 있게 살펴보아도 좋다.
5월, 산철쭉이 홍천강가의 기암 속에 피어나니 그 본래 옷을 입은 듯 찰떡 호흡을 이룬다. 산철쭉은 원래 물가 근처에 산다 하여 수달래라 불렀었다. 어쩌다 산으로 퍼진 수달래 이름이 산철쭉이 된 것이다.

　　그러니 강가 근처에 피어나는 산철쭉만큼 아름답게 보이는 아이들도 없다.

~5월 초순의 습한 팔봉산 자락으로는 벌깨덩굴이며 개별꽃, 관중, 용둥굴레, 병꽃나무, 붉은병꽃나무, 참회나무, 바위말발도리, 고광나무, 미나리냉이, 황새냉이, 졸방제비꽃, 산괴불주머니, 유럽나도냉이, 덩굴개별꽃, 점나도나물, 연복초 등을 만날 수 있었다.

~7월에도 산수국과 노란 좁쌀풀이 주변을 수놓고, 누에고치가 생각나는 석잠풀 등 다양한 들꽃들이 피어나지만 가장 반갑게 봤던 것은 나도국수나무. 나도국수나무는 주로 단양이나 영월쪽 강원도 석회암지대나 그늘진 골짜기 기슭에서 자생하는데 팔봉산 자락 역시 서식 환경이 비슷하니 나도국수나무를 키워 냈을 것이다.

앙증맞고 깜찍하게 생긴 덩굴개별꽃(석죽과 개별꽃속)이다. 꽃이 피면 덩굴로 뻗어 나가는 특징이 있다.◀

꽃과 잎의 색 차이가 없고 아주 작아 그냥 지나치기 쉬운 연복초(연복초과 연복초속)다.▼

꽃이 줄기 끝에 공처럼 뭉쳐 피는 점도, 꽃이 저마다의 방향으로 핀 것도 독특하거니와 가장 윗부분의 꽃은 화관이 4개로 갈라지고 수술이 8개, 나머지 옆에 달린 꽃은 5개로 갈라지고 수술이 10개인 점도 특이하다.

복수초에 이어서 피는 꽃이라 하여 연복초라는 이름이 붙여졌다고도 하고 복수초를 뽑으면 연복초가 함께 뽑혀 복수초를 따라온 거라고도 한다.

어쨌든 복수초에 이어 쭉 복을 많이 가져다주는 꽃이라 해석하고 싶다.

열매도 독특한 나도국수나무(장미과 나도국수나무속)다.

일부러 찾아 나서지 않는 한 우연히 나도국수나무 열매를 보는 것이 쉽지만은 않은 일이다. 나도국수나무는 국수나무와 비슷하다 해서 '나도'라는 접두사가 붙었다.

국수나무(장미과 국수나무속)는 묵은 가지의 희끗한 모습이 국수 가락 같다 하여 붙여진 이름이다. 꽃과 잎은 국수나무와 비슷하지만 열매는 마치 도깨비방망이 같은 게 다른 종을 보고 있는 것만 같다.▲

이 꽃을 보고 식생이나 야생화에 관심 있는 사람은 석잠풀(꿀풀과 석잠풀속)이라는 이름이 생각날 것이고, 약초에 관심이 있거나 식용으로 재배하는 사람에겐 초석잠이라는 생약명이 더 익숙할 것이다.

언젠가 창원 사는 언니가 차 끓여 마시라고 보내 준 석잠풀 말린 뿌리는 마치 누에고치 번데기를 연상시켰다. 석잠의 한자를 풀이해 보면 '돌누에'다. 석잠은 '물여우'를 한방에서 쓰는 말인데 '물여우'란 물에 사는 날도래 애벌레를 말한다.

그 애벌레 모양이 꼭 누에를 닮았단다. 즉 누에 모양의 뿌리 열매로 붙여진 이름이다. ▶

노란 꽃이 다닥다닥 붙은 모습이 좁쌀처럼 보인다 해서 이름 붙여진 좁쌀풀(앵초과 참좁쌀풀속)이다. ◀

좁쌀풀은 이 시기면 들가나 나지막한 산에서도 비교적 자주 만날 수 있지만 이와 비슷한 참좁쌀풀(앵초과 참좁쌀풀속)은 경북, 경기도의 극히 일부와 지리산 일부, 주로 강원도 깊은 산에서 만날 수 있다. 이 시기면 선자령이나 대암산에도 참좁쌀풀이 피어나고 있을

것이다.

좁쌀풀은 꽃잎이 참좁쌀풀에 비해 완만한(덜 뾰족) 편이지만, 참좁쌀풀은 꽃잎이 왕관 끝처럼 뾰족하고 꽃잎 안쪽에 붉은 무늬가 선명하다.

좁쌀풀은 잎자루가 거의 없지만, 참좁쌀풀은 잎자루가 있다.

이것이 주로 강원도 깊은 산에서 볼 수 있는 참좁쌀풀(앵초과 참좁쌀풀속)이다.▲

꽃잎 끝이 아주 뾰족하고 꽃잎 안쪽 붉은 무늬가 선명해 구별이 된다.

참좁쌀풀은 앵초과에 속한 여러해살이풀로 우리나라 특산식물이고 희귀식물에 지정되어 있을 만큼 그 자생지가 점점 줄어들어 쉽게 만날 수 있는 아이가 아니다.

2021년 12월쯤 국립백두대간수목원에서 희귀식물 참좁쌀풀 발아율 향상 방법을 개발했다는 기사를 접하기도 했다. 긍정적인 거라면 분포지며 발아율도 높아져 참좁쌀풀 보기가 좀 더 쉬워지지 않을까 기대도 해 보게 된다.

아직 홍천강은 한산하지만 피서 철이 시작되면 텐트를 친 사람들과 물놀이를 즐기는 사람들로 북적이게 되니 관광지다운 면모를 보여 주게 된다.

　여덟 봉우리의 기암마다 작품 같은 소나무가 즐비하고 그 아래로는 홍천강이 비경이 되어 흐르는 곳, 더 이상의 설명이 필요치 않은 홍천 팔봉산이다.

산중 출렁다리가 새로운 풍경이 되다

1. 소금잔도와 울렁다리 - 원주 소금산 간현관광지

치악산 국립공원이 원주를 대표할 만한 관광지였다면 이제 소금산 간현관광지(그랜드밸리)를 빼놓고 논할 수 없을 만큼 원주 관광의 일등공신이 되었다. 예전엔 MT 장소로 유명했던 간현유원지가 간현관광지가 되었고, 출렁다리 개장 이후 다양한 시설들로 관광특구가 만들어지며 그랜드밸리라는 이름을 달았다.

예부터 병풍 같은 기암 준봉과 계곡 따라 흐르는 맑은 강, 넓은 백사장, 울창한 숲과 소나무가 어우러져 한 폭의 수묵화를 연상시키는 곳이었으니 조선시대 송강 정철은 일찍이 관동별곡에서 "한수(漢水)를 돌아드니 섬강(蟾江)이 어디메뇨, 치악(雉岳)은 여기로다"라고 그 절경을 예찬하였다. 섬강은 소금산 앞으로 흐르는 강이다.

산세가 마치 금강산을 빼닮았다 하여 소금산이라는 이름이 붙여졌고, 하천과 기암절벽이 어우러진 아름다운 곳이었지만 치악산에 가려져 있었고 산행객들에게조차 거의 알려지지 않았던 조용한 산지였다. 출렁다리가 생기기 전까지만 해도 이 산에 대해 아는 사람은 많지 않았다.

그러다 2018년 당시 우리나라 산악보도교 중 최장이라는 200m의 출렁다리가 개장 된 후 예능프로며 드라마 등 많은 방송에 소개가 되었고 주말, 주중 할 것 없이 수많은 인파가 몰려들었다. 여기저기 출렁다리가 생기고 있지만 가장 크게 이슈가 된 곳이 소금산 출렁다리였을 것이다.

삼산천에서 바라본 소금산 출렁다리다.▲

출렁다리 아래 간현암은 국내외 많은 클라이머들이 찾는 암벽장으로 유명하다. 다양한 루트가 있어 암벽을 즐기는 이들에겐 최고의 암벽공원이기도 하다.

간현관광지는 강원도 원주시 지정면 소금산길 12 (지번 간현리 1056-24). 원주시에서 서쪽으로 17km 떨어진 섬강과 삼산천이 합수하는 간현협곡에 위치하고 있다. 2018년 평창동계올림픽 붐 조성 및 관광인프라 확장사업의 일환으로 개장된 것이 강원도를 넘어 우리나라를 대표할만한 관광지로 급부상한 것이다.

2019년에는 한국관광 100선에, 2020년 강원관광 탑10에 선정되었고 문체부가 자원개발 성공사례로 소개하기도 했다.

2021년에는 해발고도 150m 상공에 스카이타워, 고도 200m의 소금산 절벽에 소금잔도, 700m 길이의 데크산책로, 2022년 1월에는 출렁다리 두 배 길이의 보행현수교인 울렁다리(404m) 등 다양한 시설들을 추가로 설치하여 그랜드밸리라는 대규모 광광단지로서의 면모를 갖추게 되었다. 타 지역의 출렁다리들과는 차별화를 시켜 다시금 간현관광지를 찾게 만든 이유가 되었을 것이다.

　간현관광지는 소금산과 간현산(간현봉), 삼산천의 협곡 절경을 스릴 넘치는 경험과 함께 힐링할 수 있는 프리미엄 복합문화관광지로 재탄생시켰다.

　산악 에스컬레이터와 케이블카 등을 추가 설치 중이니 완공 후에는 명실상부한 우리나라 최대의 산악형 관광지에 이름을 올릴 것이다. 2023년 완공 예정이라 한다.

출렁다리에서 본 노란색의 울렁다리와 우측으로 스카이타워 그리고 소금산 정상 아래 절벽엔 소금잔도가 설치되었다.

　아래로는 삼산천이 굽이 흐르고 소금산 절벽을 배경으로 하천에 설치된 국내 최대 규모의 음악분수가 밤하늘을 수놓는 나오라쇼 공연장과 글램핑장, 범퍼보트장 등의 시설도 갖추었다. 2018년 출렁다리의 흥행에 힘입어 단순한 출렁다리를 넘어 대규모 관광단지로서의 발 빠른 개발이 진행되어 왔다. ◀

산벼랑을 끼고 도는 고도 200m 높이의 소금잔도다. 소금잔도는 소금산 정상 아래 깎아지른 듯한 한쪽 절벽 면에 선반 같은 받침대를 매달아 만든 길로, 중국 장가계의 잔도를 떠올리게 되는 길이다. 잔도란 중국에서 험한 절벽 산악지대를 통과하는 길을 말하는데 언젠가부터 우리나라에서도 잔도란 표현을 많이 쓰기 시작했다. 암벽 테두리를 따라 걷는 짜릿한 경험을 할 수 있다.▲

암벽장으로 유명한 간현암 간현협곡과 삼산천이 휘감아 도는 비경, 그곳에 출렁다리가 생겨났다. 삼산천은 간현관광지 초입의 섬강과 만나게 된다.▲

울렁다리와 스카이타워다. 건너편엔 울렁다리에 연결될 에스컬레이터 공사도 한창이다. ▼

　소금산을 휘감아 도는 삼산천의 아름다운 절경과 새로 생긴 보행현수교인 울렁다리를 전망할 수 있는 스카이타워는 구멍 숭숭 뚫린 철판 위에서 내려다보는 아찔한 맛이 있다. 울렁다리는 출렁다리에 비하면 크게 흔들림이 없어서인지 아슬아슬하거나 크게 무섭다는 느낌은 들지 않았다. 산악현수교와 보행현수교의 차이가 아닌가 싶기도 하다.

폐쇄된 소금산 정상. ◀

그랜드밸리로 새로운 시설들이 들어서면서 소금산(343m) 정상과 기존 등산로는 폐쇄가 되었다. 소소한 산길을 걷고 싶은 이들은 너무 상술적으로 변했다 생각할 수도 있기 마련이다. 산 매니아들을 빼면 대부분 흙길이나 바위로 된 일반 등산로보다는 옷이나 신발을 더럽히지 않고도 걸을 수 있고, 이런 이슈가 있는 볼거리 많은 관광지로서의 산을 더 선호하는지도 모른다. 입장료 3천 원이 9천 원으로 인상되었지만 매표소에는 긴 줄이 이어지고 관람객들 끊이지 않는 걸 보면 말이다.

2022년 5월부터 입장료는 통합권 9천 원으로 인상되었다.

굳이 힘든 산행을 원치 않는 누구나 담소 나누며 오를 수 있고, 핫플을 찾는 이들에겐 최고의 명소가 된 것이다. 처음 출렁다리 오를 때부터 데크 계단길로 이어지다 데크 산책로를 지나 철판으로 된 잔도길과 스카이타워를 지나게 되니 흙길이라고는 하산 때 3~4분 정도를 지나는 게 전부다. 그러니 이젠 산이나 산행지라는 느낌은 사라지고 말 그대로 관광지가 되었다. 하산길이며 여기저기 정비를 계속하고 있으니 앞으로는 어쩌면 흙 한 톨도 묻히지 않는 곳이 되지 않을까도 싶다.

산행다운 산행을 원하는 산객들은 소금산과 간현봉을 연계하기도 하지만, 출렁다리를 시작으로 데크산책로, 소금잔도, 스카이타워, 울렁다리를 거쳐 주차장으로 돌아가는 코스를 관람코스로 안내하고 있다. 약 2시간이 소요된다.

　　폐역이 된 간현역에서는 레일바이크를 운행하고 있고, 레일바이크 매표소로 쓰고 있다. 간현관광지를 통과하는 레일바이크는 남한강의 지류인 섬강과 삼산천을 따라가며 비경을 선사하게 된다. 이제는 간현역 대신 간현역에서 가까운 서원주역에서 청량리, 강릉, 제천, 단양, 안동, 신경주, 신해운대 등을 이용할 수 있다.

　　출렁다리와 소금잔도, 스카이타워, 울렁다리는 순서대로 일방통행으로 진행되며 설날과 추석 당일, 그리고 첫째 주, 셋째 주 월요일은 휴무다. 기존엔 3천 원 매표를 하면 원주사랑상품권으로 2천 원을 환급해 주었지만 9천 원으로 오른 지금은 그 제도는 사라졌다. 나오라쇼(미디어파사드, 야간경관조명)는 상황에 따라 개장이 변동될 수도 있다.

　새롭게 개장된 울렁다리나 소금잔도, 스카이타워 소식은 모른 채 2018년 핫했던 소금산 출렁다리만을 기억에 담고 있는 분들도 계실 것이다.

　가족과 연인과 친구들과 수월하게 산정에 올라 비경을 접할 수 있고, 짜릿한 경험은 덤이 되었으니 적당한 걷기와 관광 그 중간쯤의 여정을 원하시는 분이라면 원주의 랜드마크가 된 소금산 그랜드밸리에 다녀가셔도 좋겠다. 더욱이나 에스컬레이터와 케이블카가 모두 완공되는 2023년에는 어린아이나 걷기 힘든 어르신을 모시고도 올라볼 수 있는 최고의 절경지이자 나들이 명소가 될 것이다.

　원주에는 원주8경이 있는데 천년 고찰인 치악산의 구룡사, 조선왕조 500년 동안 원주에서만 자리했던 강원감영(강원도 감찰사가 직무를 보던 관청), 은혜 갚은 꿩의 전설을 간직한 치악산 남대봉 자락의 상원사, 원주 자연의 핵심이라

할 수 있는 치악산 비로봉, 기암절벽과 맑은 물을 자랑하는 국민관광지인 간현관광지, 죽어서도 나라를 지키는 조상들의 얼이 깃든 영원산성, 천주교의 성지인 용소막성당, 한 폭의 동양화 속 미륵산의 미륵불상이 그것이다.

2. 거창 우두산 Y자형 출렁다리

산에도 유명세를 타고 유행을 쫓는 산지들이 있기 마련이다.

출렁다리가 설치된 지 2년이 지났지만 요즘에도 가장 핫한 곳 중의 한 곳을 꼽는다면 거창의 우두산이다. 관광객 유치를 위해 거창군에서 야심차게 추진한 Y자형 출렁다리와 항노화 힐링랜드 조성으로 많은 사람들이 찾고 있는 핫플이 되었다.

2020년 10월 개통을 한 우두산 출렁다리는 우리나라 최초로 교각 없이 특수 공법인 와이어를 연결한 Y자형 현수교로 해발 620m 암벽지대 협곡에 세워져 아뜩함과 동시에 빼어난 자연 경관을 자랑한다.

세 가닥으로 갈라진 출렁다리는 45m, 24m, 40m로 각각 길이가 다르고 총 연장은 109m다. 깎아지른 협곡을 세 방향으로 연결한 국내 유일의 산악 보도교지만 조금 아쉬운 점 하나는 그 출렁다리 암벽 끝에서 우두산 정상이나 능선으로 새롭게 등로가 연결은 되지 않았다는 점이다.

물론 출렁다리에서 되돌아 나오면 원래의 등산로와 이어지거니와 주차장에서 출렁다리까지 산책로는 잘 조성되어 있다.

진안 구봉산이나 봉화 청량산처럼 기존의 산행을 더 편리하게 하기 위함이나 주등산로의 험한 암봉을 잇는 게 주목적이 아닌 출렁다리에서 보는 주변 절경과 관광객 유치가 더 큰 목적의 현수교다.

암벽에 설치된 출렁다리 위로 등산로를 연결시킨다고도 하는데 언제일지도 관심사가 되고 있다.

경상남도 거창군 가조면 의상봉길 830에 위치한 우두산 출렁다리는 '항노화 힐링랜드'를 검색하고 찾아가면 된다.
항노화 힐링랜드 내에 자리하고 매주 월요일은 시설물 안전 점검 등으로 휴무다.

평일엔 차를 가지고 관리사무소가 있는 주차장까지 갈 수 있지만 주말과 공휴일엔 차량들로 붐벼 가조면 임시주차장에 차를 세워 두고 무료 셔틀버스를 타고 이동해야 한다.

항노화 힐링랜드 입장료는 3천 원이지만 '거창사랑상품권'으로 2천 원을 되돌려 준다. 어느 지역에서는 상품권이 일대 식당 및 일부에서만 사용처가 제한되어 있어 무용지물이 되기도 했는데 대규모 마트를 제외한 거창 내 모든

편의점, 슈퍼, 식당이든 어디든 쓸 수가 있어 사용이 편리하다. 음료수 2개를 사 마시고도 300원 거스름돈을 받으니 그 입장료가 아깝지 않은 기분 좋은 느낌으로 다가왔다.

매표소에서 출렁다리까지는 약 20~30분이면 오를 수 있다.

출렁다리로 향하는 576개 계단엔 거창의 주요 관광명소 사진과 함께 걷기의 이로운 점이나 건강과 인생에 관한 좋은 문구들을 적어 두었다.

'건강 잃고 후회 말고 지금 당장 걸어 보세요', '맥주 작은 캔에 580계단', '지금 힘든 건 지나가는 구름일 뿐' 등등…

가장 가슴에 와닿는 글귀는 '좋은 내가 되어야 좋은 네가 오더라'…

타인과의 관계든 나 자신과의 관계든 이 한마디에 귀결된다는 걸 나이가 들어갈수록 절실히 실감하게 되는 말이다.

우두산 세 방향의 Y자형 출렁다리다. 높이 오르지 않아도 우두산 상봉과 의상봉 장군봉 바리봉 등을 향한 조망도 좋다. 우두산 출렁다리는 2022년 상반기 정기안전점검에서 안전등급 A를 받았을 만큼 안전은 인정을 받았지만 한두 사람만 지나가도 출렁거림이 크게 전해지니 일자형의 출렁다리와는 분명 차이가 느껴진다. 세 다리가 만나는 가운데 지점에 교각이 없다 생각하면 고소공포증이 있는 사람에게는 특히나 심장 두근거리는 경험이 되기도 한다.

사진은 평일 오후의 풍경이라 전망대도 출렁다리도 한산한 모습이지만 주말에는 어느 정도 붐빔은 있기 마련이다.

 출렁다리 아래로는 100m에 이르는 협곡이 아찔하다. 협곡 바위 틈새에서 떨어지는 물줄기가 이룬 소가 있는데, 가조 3경이라 안내하는 용소다.
 물이 깊어 용이 산다하여 용소라 불렀고, 이곳에서 명주실을 풀면 해인사 용소에서 나온다는 이야기도 전해 온다. 가야산 해인사가 멀지 않은 곳에 위치함을 알 수 있는 전설이다.▲

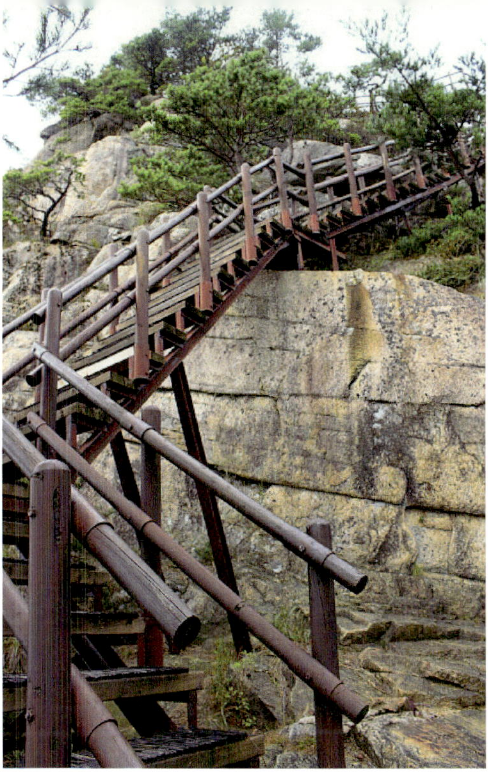

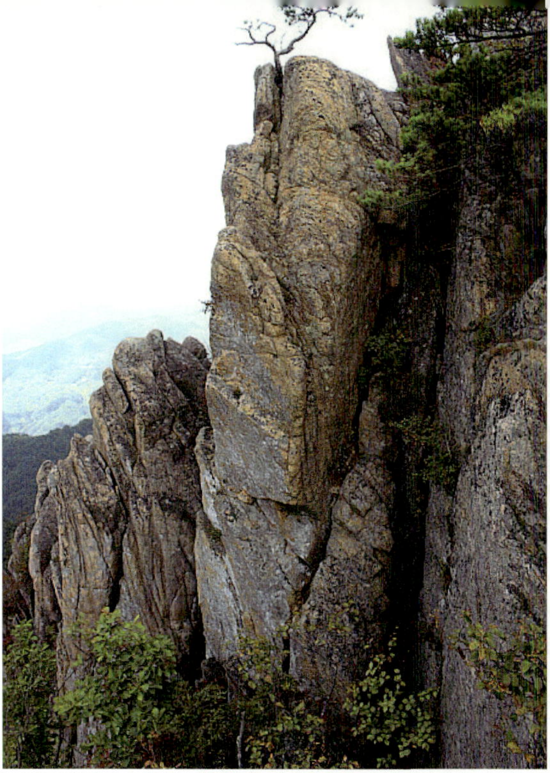

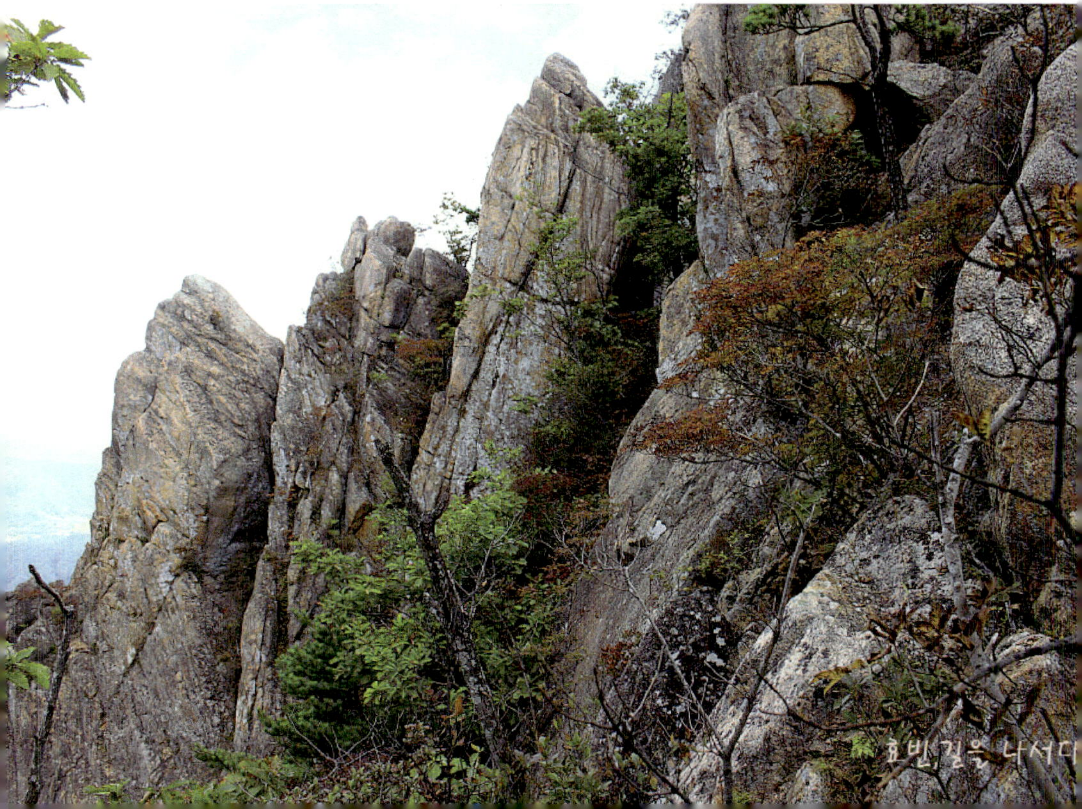

출렁다리만을 보러 와야 한다면 나는 굳이 이 멀리까지 걸음을 하지 않을지도 모른다. 우두산은 출렁다리가 아니더라도 기암전시장 같은 바위군과 암봉들, 가야산이며 황매산, 지리산, 덕유산, 황석산, 기백산 등 유명 명산들을 가까이 조망할 수 있는 너른 시야가 통쾌하게 펼쳐진다. 고견사와 견암폭포는 물론 고견사 아래로 흐르는 계곡이 산 아래 가조계곡과 고견천까지 길게 이어져 나들이객과 캠핑객들이 모여드는 여름 피서지로도 각광을 받는 곳이다.

경남 거창군 가조면과 가북면에 위치한 우두산(1,046m)은 아홉 개의 봉우리로 이루어져 있고 주봉은 상봉이다. 아홉 개 봉우리 중 가장 인기 있고 대표적인

봉우리는 의상봉(1,038m)이다.

우두산이라는 이름은 소 우(牛), 머리 두(頭)자를 써 산의 형세가 소의 머리를 닮았다 하여 붙여졌고 우두산의 경치가 빼어나 인간이 경험하지 못한 세계, 인간세상이 아닌 새로운 세계와 같다 하여 별유산이라고도 불리웠다.

주 등산코스는 항노화 힐링랜드 주차장에서 고견사 거쳐 의상봉과 우두산 정상으로 그리고 마장재 거쳐 출렁다리와 주차장으로 원점회귀 하는 방법이다. 출렁다리부터 반대로 돌아도 된다. 평소 산행을 즐기는 사람들은 보통 4~5시간을 잡는 편이다.

조금 폭넓게 장군봉과 바리봉을 거쳐도 좋고, 우두산은 비계산과 연계하기도 한다.

우두산~비계산은 바로 이웃한 숙성산~미녀봉~오도산~두무산과 비교되기도 한다.

2019년쯤 광주 사시는 산우님과 합천군 가야면에 위치한 매화산과 남산제일봉 거쳐 작은가야산과 우두산, 의상봉 그리고 장군봉과 바리봉으로 조금 길게 걸어 본 적이 있다. 유명한 남산제일봉은 물론이거니와 지나오는 곳곳의 암릉군이 하나같이 웅장하면서도 빼어난 바위 지형을 이루고 있다. 그때 바리봉에서 바라봤을 때 건너편 협곡지대에 붉은 출렁다리가 세워지던 모습, 그리고 지금과는 다르던 고견사 초입의 모습들도 카메라에 담겨져 남았다.

가파르고 날카롭게 솟은 의상봉이다. 의상봉은 신라시대 의상대사가 참선했다 하여 붙여진 이름으로 우두산의 많은 봉우리들 중에서도 으뜸으로 솟아 가장 주목을 받는 봉우리다. 의상봉을 지나면 지남산과 장군봉 바리봉 등으로 이어지게 되는데 오르락내리락 하는 바위 코스가 결코 만만치는 않지만 암릉 넘나드는 재미가 상당한 곳이기도 하다.

우두산 상봉과 의상봉을 넘어 봤다면 다음엔 저 봉우리들을 거닐어 봐도 좋다.▲

　　의상봉 아래 남쪽 기슭에는 조용하고 고즈넉한 고견사가 자리하는데 고견사는 신라 문무왕 7년(667년)에 의상과 원효대사가 창건하였다 전해지고 고견사라는 이름은 원효가 이곳에 절을 지을 때 전생에 와 본 곳임을 깨달았다 하여 붙여졌다 한다. 고견사 아래 폭포 이름이 견암폭포이듯 고견사는 견암사라고도 불리웠다.

　　지금이야 조용한 사찰이지만 신라시대며 고려, 조선초기에는 영남 굴지의 사찰로 조선 태조, 태종, 세종 때는 수륙재를 지냈다는 기록이 남아 있을 만큼 큰 사찰이었다 한다.

　　(수륙재란 물과 육지를 떠도는 아귀와 영혼을 달래기 위해 음식을 베풀고 불법을 강설하는 불교의식을 말한다.)

　　고견사를 대표할 만한 것으로는 1630년(인조3)에 제작된 거창 고견사 동종

(보물), 고려시대의 고견사 석불, 숙종이 원효대사를 기려 하사한 강생원 운영당 현판 등이다. 고견사에는 최치원 선생이 심었다는 수령 1,000년 된 은행나무가 수문장 역할을 하고 있고, 고견사에서 의상봉 방향으로 조금 올라서면 의상대사가 수도할 때 매일 2인분씩의 쌀이 나왔다는 쌀굴도 있다.

고견사 가는 산 초입에 위치한 견암폭포다. 고견사를 견암사로도 불리웠듯 견암폭포 역시 고견폭포라 불리기도 한다. 30m에 이르는 수직 절벽에 형성된 폭포로 화강암의 풍화에 따른 절리와 토르 형태 등이 잘 발달되어 있다. 폭포 상단에서 보는 바위군도 멋스럽다.

견암폭포 상단부 모습이다.

이 물길을 따라 고견사로 가는 촉촉한 계곡길은 여름산행지로 제격이다.

~8월 초순 우두산 산길에는 다양한 수종이 빽빽한 푸름으로 그늘을 제공하고 있었다. 특별한 여름 야생화는 없고, 초가을 야생화는 아직 이른 시기지만 소소하게 가는 길을 밝히는 친구들도 있다. 파리풀, 물양지꽃, 등골나물, 이삭여뀌, 참나리, 원추리, 은꿩의다리, 산꿩의다리, 가는장구채, 애기나리 열매, 비목나무 열매 등이다.
고견사에서 식재한 상사화에서는 가을이 느껴지고 있었다.

마치 벼 이삭처럼 보여 이름 붙여진 이삭여뀌(마디풀과 여뀌속)와 우측은 줄기에 가시가 많은 가시여뀌(마디풀과 여뀌속)다.▲

은꿩의다리(미나리아재비과 꿩의다리속)다.◀

꿩의다리와 은꿩의다리는 수술대가 볼링핀처럼 뭉툭하지 않고 가늘게 일자로 뻗는 게 특징인 반면 산꿩의다리나 자주꿩의다리는 수술대가 볼링핀처럼 뭉툭한 편이다.

물론 잎도 조금씩 다 다르게 생겼다.

산꿩의다리(미나리아재비과 꿩의다리속)다. 수술대가 볼링핀처럼 뭉툭한 게 특징이다.◀

파리풀(파리풀과 파리풀속)이다. 뿌리를 짓이겨 나온 즙을 종이에 묻혀 놓으면 파리가 잡힌다 하여 파리풀이라는 이름이 생겨났다. 해충약이 딱히 없던 시절, 우리 조상들의 지혜에 새삼 놀라울 따름이다.◀

한국 특산식물인 가는장구채(석죽과 끈끈이장구채속)다. 그래도 장구채 종류 중에는 가장 쉽게 접할 수 있는 종이다.◀

여름이면 산기슭 습한 주변에 50~100cm까지도 길게 뻗어가는 물양지꽃(장미과 양지꽃속)이다. 전체에 털이 나고 가지를 많이 치고, 껑충 자라는 키 때문에 다른 양지꽃에 비해 구별이 쉬운 편이다.▲

꽃잎엔 주근깨가 가득한 참나리(백합과 백합속)다.◀

나리 종류 중에서도 가장 아름답다 하여 참이라는 접두사가 붙었다. 보통은 꽃이 진 자리에 열매를 맺어 씨앗으로 번식을 하기 마련이지만 참나리는 잎겨드랑이에 짙은 갈색의 주아(살눈)가 달렸다가 땅에 떨어져 개체 증식을 하게 된다.

중나리는 참나리처럼 검은 주근깨가 많아 참나리와도 많이 닮았지만 잎 겨드랑이에 주아가 없는 것이 특징이다.

스님과 사찰 이야기가 전해지는 상사화(수선화과 상사화속)다. 그래서 석산(꽃무릇)이나 상사화는 불갑사, 선운사, 내장사, 길상사 등 절 주변에 많이 심는 편이다.

흔히 붉은색 꽃을 피우는 꽃무릇(수선화과 상사화속)을 상사화라 부르기도 하지만 이 은은하고 차분한 녀석이 진짜 이름 상사화다.

천혜의 자연을 활용해 힐링과 치유를 주제로 조성한 항노화 힐링랜드엔 이동약자를 위한 무장애 데크로드도 설치하여 누구나 안전하게 삼림욕을 즐길 수 있게 해 두었다. 자생식물원도 조성되어 있고, 산림치유센터에서는 힐링관광과 웰니스프로그램 등을 운영하고 아이들에게 인기가 좋은 숲체험장도 운영하고 있다. 자연휴양림과 숙박시설 등도 품고 있어 종합적인 힐링랜드로서의 면모를 갖추었다.

대중교통은 거창에서 가조면으로 이동 그리고 다시 가조에서 용당소마을까지 가는 버스가 하루 두 차례 운행되지만 차라리 가조면에서 택시를 이용하는 게 수월하다. 주차장까지 7천 원 정도가 나온다. 주말엔 가조면에서 무료 셔틀버스를 이용하면 된다.

　거창엔 거창 창포원, 수승대, 감악산 항노화웰니스체험장, 월성계곡, 가조온천관광지 족욕장, 금원산 자연휴양림, 서출동류 물길, 황산전통한옥마을 등 가 볼만한 관광명소도 많이 있다. 등산을 즐기지 않는 남녀노소 누구라도 뙤약볕을 마다 않고서라도 올라 보게 되는 곳, 핫 플레이스가 된 우두산 출렁다리와 항노화 힐링랜드였다.

3. 파주 감악산 만추와 출렁다리

    감악산은 경기5대 악산(송악산, 화악산, 운악산, 관악산, 감악산) 중 하나로 예로부터 바위 사이로 검은 빛과 푸른빛이 동시에 나온다 하여 감악산, 또는 감색바위산이라 불렀다.

    너른 헬기장 공터가 있는 감악산(675m) 정상에는 글자가 마모되어 연대나 동기 등 판독이 불가능한 일명 감악산비가 세워져 있는데 비뚤대왕비, 빗돌대왕비, 설인귀비, 몰자비 등으로 불리고 있다. 1982년 이 비를 조사한 동국대에서는 몇 개의 글자를 확인했고 추정 연대나 지정학적 위치, 비가 서 있는 산 정상 등으로 볼때 제 5의 진흥왕순수비가 아닐까 추정하기도 했다. 그렇게 듣고 보면 북한산 비봉에 서 있는 진흥왕순수비가 떠오르기도 한다.

    감악산 정상에는 새로 개소한 강우레이더관측소와 KBS 방송중계소가 있어

차량을 가지고 올라 감악산 약수터에서 10분만 등반하면 정상을 밟을 수 있는 최단 코스도 생겨났다.

경기도 연천군과 파주시, 양주시에 걸쳐 있는 감악산은 파주시에서 출렁다리를 만든 뒤 많이 달라졌고 파주 감악산이라 많이들 부르게 된 계기도 되었다.
세 지역의 신경전이 느껴지듯 정상부엔 각 지자체에서 세운 이정표시나 상징물들이 저마다 다르게 설치되어 있다.

2016년 9월, 파주시 적성면 설마리에 길이 150m로 당시 국내 산악지형에서 가장 긴 감악산 출렁다리가 완공됐다. 계곡 양 옆의 산기슭을 연결하는 형태다. 각종 언론매체 등에 소개되며 유명세도 빠르게 퍼져 나갔고 타 지자체에서는 경쟁심과 함께 산중 출렁다리의 롤 모델이 되기도 했다.

많은 인파가 몰려들었으니 지역경제 활성화에도 한몫을 했을 것이고 일대의 유명 관광 명소가 되었다. 특히나 단풍 시즌에 인기가 좋다.

출렁다리와 계곡 위로 범륜사 그리고 감악산 정상부가 자리한다.

그 최장 거리라는 타이틀도 소금산 출렁다리(200m)가 생긴 뒤 깨어지고 또 다시 파주 마장호수 흔들다리(220m)까지 생겼고 스포트라이트도 다른 곳으로 옮겨가기 마련이니 야도 인생무상, 아니 물생무상이 되었나.
어쨌든 여전히 찾는 이들 많지만 그래도 이제는 그날들만큼의 붐빔은 사라졌으니 넉넉한 마음으로 너그럽게 둘러보아도 좋겠다.
오히려 차분함이 묻어나 걷기 좋은 가을 길이 되었다.
감악산 출렁다리는 접근성이 용이하다는 것도 큰 장점이 된다.
초입 도로 위 산자락의 협곡을 잇다 보니 주차장에서 10분이면 출렁다리에 닿게 된다. 그러다보니 아이들이나 걷기 불편한 어르신들도 무리 없이 이용할 수 있고 수도권에 위치한 것도 큰 이점이 된다.

낮에는 무료입장이지만 야간개장을 시작하며 18시 이후 야간경관조명을 관람하려면 5천 원의 입장료를 지불해야 한다.
대중교통을 이용하려면 양주역에서 25-1번이나 주말엔 7700번, 7701번 버스를 타고 감악산출렁다리입구나 범륜사에서 하차하면 된다. 교통도 편리하다.

감악산은 예로부터 임진강을 낀 교통요충지이자 삼국시대 이래 그리고 한국전쟁까지 한반도를 차지하기 위한 군사요충지였다.
한국전쟁 당시 치열한 전투가 있었던 곳으로 파주시는 감악산 전투에서 벌어진 영국 글로스터시 출신 부대원들의 헌신과 공적을 기리기 위해 출렁다리의 별칭을 "글로스터 영웅"의 다리로 정했다.

효빈,길을 나서다~

트렌드도 변하고 세상도 변하듯이 여기 감악산도 많이 달라졌다.

불과 8~9년 전만 해도 감악산 그 이름처럼 조금 침침하고 으슥한 느낌의 어두운 산이었다. 숯가마터와 검은 빛이 나는 돌들을 감안한다 해도 말이다.

이제는 감악능선계곡길, 청산계곡길, 하늘길, 운계능선길 등 등산로 정비며 데크길도 잘 조성을 해 두어 예전의 무겁고 으슥한 느낌의 감악산은 사라진 지 오래다.

검은 돌무더기면 어떠한가. 수북이 쌓인 낙엽마저도 풍경이 되고 이렇게 아름다운 길이었는데 말이다.

층층나무도, 당단풍나무도,

신갈나무도 모두가 제각각 이 길의 꽃이 되었다.

　뿌리를 드러낸 나무들과 땅위에 핀 만산홍엽. 진정 가을의 꽃이요, 작품이다. 붉음과 황갈빛으로 깊숙이 물든 나무 저마다 그렇게 익어 가고 있으니 어두운 산 감악산은 진한 여운이 느껴지는 그냥 자체로 예쁘고 고운 길이 되었다.

감악산 숯가마터▲

감악능선계곡길을 따라 올라가다 보면 보리암 돌탑을 만나게 된다. 보리암 돌탑에서는 여기저기 방송에 많이 소개가 되어 익숙한 주인장의 모습도 대면할 수 있다.

〈나는 자연인이다〉, 〈순간포착 세상에 이런일이〉, 〈다큐 3일〉, 〈한국기행〉 등 등 많은 TV 프로그램에 방영되었던 유명한 곳이다.

굳이 이름난 장소가 아니어도 정취 가득한 늦가을 풍경이 압도한다.

간단한 음료와 먹거리가 있는 매점을 운영 중이고, 마치 도사인 듯한 차림의 주인장이 처음 여기 감악산에 들어와 움막 같은 터를 잡고 돌탑을 쌓기 시작한 것은 20년 전이었다 한다. 처음엔 혼자였는데 감악산에 산행을 왔던 한 여자 등산객과 결혼을 해 아이를 낳고 이제 부부가 같이 생활 중이다. 법륜사 스님인지 아님 멀리서 오신 분인지 어느 스님이 방문해 담소를 나누고 있었다.

정교하게 쌓아 올린 돌탑 아래로는 소원을 들어준다는 감악산 돌할배가 있는데 기도하는 순서까지 친절히 적어 놓았다.

어디에 사는 누구입니다. 한 가지 소원을 말하고 간절히 기도를 한 후에 경건하게 돌할배를 들어 올리면 된단다.

들리면 소원을 이뤄 준다는 뜻이고 안 들리면 기도를 다시 한 후 들어 보라 한다.

묵직한 느낌이지만 들린다. 혹시나 해서 다시 들어 보니 역시 같은 무게감으로 들어 올려진다. 음~ 이걸 무어라 해야 할지. 어쨌든 들렸으니 소원 들어 주시는 거 맞지유~^^ 그게 사실이든 아니든 뭐 그리 중요한 일이겠는가. 한 번쯤 속 얘기 해 보는 것으로 잠시 잠깐의 위안을 얻어 보는 것이리라. 그저 눈부신 가을빛이 좋은 것이다.

가을을 느낀다냐. 아님 졸립다냐. 햇살은 따뜻하고 폭신한 낙엽 위에 가을을 만끽하니 네 팔자가 상팔자로다. 늙은 견공의 오후가 한가롭기 이를 데 없다.

감악산 악귀봉이다. ◀

자라 한마리 같은 감악산의 석문(통천문).▲

장군봉이다.▶

감악산은 정상을 위시로 장군봉과 임꺽정봉, 악귀봉과 까치봉 등의 주봉우리가 있다. 이 데크들이 생기기 전의 감악산은 꽤나 악산다웠고 스릴이 넘쳤다.

아쉬움이 남을 수도 있지만 이젠 잘 정비된 시설 덕분에 대중적인 산이 되었다.

산도 자연도 우리 삶의 일부이듯 변해 가는 세상에 발맞추어 가는 것도 어쩌면 당연한 일인지도 모른다. 악 소리 난다는 경기5악에 속한 산답게 암봉들을 그대로 드러내지만 위험하지 않아 좋고 아기자기한 바윗길을 누려 보기에 모자람이 없다.

임꺽정봉(676.3m)이다.▲

임꺽정봉에 서면 파주시 적성면과 연천, 그리고 북녘 땅이 펼쳐진다.

감악산은 한국전쟁 상흔들이 곳곳에 남아 있으니 가까이 잡히는 북녘에 대한 묘한 감정도 함께하게 된다.

경기도 양주에서 백정의 신분으로 태어난 임꺽정은 조선 중기(1500년대 중반) 뜻을 같이하는 농민과 백정, 천인들을 규합해 관청이나 양반, 토호의 집을 습격해 백성에게 수탈해간 재물을 빼앗고 도적활동을 이어 나간다. 황해도를 시작으로 경기도와 평안도로 활동무대를 넓혀 나갔으니 임꺽정의 반란이었고 나라의 큰 위기이기도 했다. 홍길동, 장길산과 함께 조선시대 3대 도적이라 불리기도 한다. 빼앗은 재물은 빈민에게 나눠 줘 의적이라는 타이틀이 붙기도 했다. 지배층에겐 극악무도한 도적이었고, 민중에겐 의적으로 영웅시 된 인물이다.

양주 불곡산에도 임꺽정봉이 있듯 양주와 파주 일대가 임꺽정의 주 무대였고 은신처였다는 것을 짐작할 수 있다.

임꺽정봉 아래에는 임꺽정굴도 있는데 당나라 장수 설인귀가 이곳에 진을 쳤다는 이야기도 전해 내려와 설인귀굴이라고도 불린다.

봉우리 밑에는 굴이 있는데 다섯 걸음을 들어가면 구덩이가 나오고 컴컴해 깊이와 넓이를 측정할 수 없다 하여 일명 응암봉이라고도 불렸던 곳. 이 응암봉에 대해서는 1842년과 1871년의 '적성현지'에도 모두 등장한다고 한다.

그 응암봉 밑에 있는 설인귀굴(임꺽정굴)을 고려 말 충신 남을진 선생이 은거하였던 남선굴이라고도 전해진다. 임꺽정굴(설인귀굴)이 있는 협곡으로 내려가 보면 아찔해 더는 아래로 쳐다보기가 힘들다. 한없이 빨려 들어갈 것 같은 블랙홀 같다.

　범륜사 아래에 있는 운계폭포다. 폭포는 상단부와 하단으로 나뉘어져 있다.

　가문 날씨에 폭포수는 많이 메말랐지만 세월에 깎인 수직기암의 검은 흔적들과 단풍의 어우러짐만으로도 절경이 되는 곳이다.

　예전엔 감악산에 범륜사, 감악사, 운림사, 운계사가 있었는데 모두 소실되고 지금의 법륜사는 옛 운계사터에 다시 세운 것이다.

　창건 시기에 대해서는 알려져 있지 않고, 1481년(성종 12년)에 편찬한 「동국여지승람」에는 이 사찰의 존재가 기록되어 있다고 한다.

　예전에 출렁다리가 생기기 전에는 주 등산로 입구가 법륜사였지만 지금은 출렁다리에 밀려 덕분에 한산해진 가을 길을 걸을 수가 있다.

범륜사 입구엔 은행나무며 느티나무 단풍나무가 섞여 가을의 정취 이만할 수가 없다.

감악산에 서면 단풍이 고운 소요산이며 불곡산, 왕방산, 해룡산, 명지산, 연인산, 운악산은 물론 도봉산과 북한산, 수락산, 노고산, 고령산 등 수도권의 명산들과 북녘땅과 임진강도 조망할 수 있다.

낙엽 밟는 소리에도, 스산한 바람 소리에도 괜한 여운이 느껴지는 계절.

늦가을 정취에 취해 마냥 걷고 싶은 길, 출렁다리로 인해 새로운 명소가 된 만추의 감악산이었다.

4. 역사적 인물들과 가을 길을 걷다 - 봉화 청량산

경북 봉화군 명호면 낙동강가에 우뚝 솟은 청량산은 2007년 국가지정문화재 명승제23호로 지정되면서 그 가치를 인정받았고, 2008년엔 당시 산악현수교로는 최장거리인 하늘다리가 개통되었다.

청량산(870m)을 고대에는 수산으로 부르다가 조선시대에 와서 청량산으로 바꿔 부르는데 이곳의 뛰어난 산수 절경이 중국 화엄종의 청량산이라 불리는 우타이산(오대산)과 닮았다 하여 붙여진 이름이다.
전국적으로 청량산이나 문수산, 문수사 이름엔 중국의 불교 영향을 받은 유래가 많이 있다.

청량산의 주봉우리는 조선시대 풍기군수 주세붕이 청량산을 유람하다가 명명한 12봉우리(육육봉)가 주축을 이루고 밀성대, 풍혈대, 어풍대, 학소대, 청풍대, 의상대, 금강대 등을 일컫는 12대, 김생굴을 포함한 8개의 동굴과 4개의 우물 등 수많은 관광자원을 품고 있다.

청량산을 사랑한 퇴계 이황 선생은 물론 최치원, 김생, 원효, 의상 등 수많은 명사들이 찾아와 수도하며 흔적들을 남겼고 공민왕이 홍건적의 난 때 피난 와 쌓았다는 청량산성도 남아 있다.

청량산은 입구인 청량지문을 기준으로 도로 좌측 청량산과 우측의 청량산으로 나눠진다. 보통 청량산이라 하여 많이들 찾는 곳은 좌측의 청량산으로 정상인 장인봉을 비롯해 선학봉, 자소봉, 연적봉, 탁필봉, 연화봉 등 11개 봉우리와 청량사, 김생굴, 응진전, 청량산 하늘다리 등 유명 명소들을 품고 있다.

반대편 청량산에는 12봉우리 중 나머지 한 개 봉우리인 축융봉만이 있어 찾는 이들이 상대적으로 적을 수 있지만 최고봉과 하늘다리가 있는 청량산의 자태를 제대로 볼 수 있는 최고의 조망처이기도 하다.

한 발 떨어져서 봐야 제대로 보이는 것들이 있지 않던가.

청량산 전체를 크게 돌아보고 싶다면 청량지문 관리사무소에서 우측 축융봉에 올라 입석으로 내려갔다가 다시 청량사와 응진전, 자소봉과 하늘다리 장인봉 등을 돌아보고 금강굴을 거쳐 들머리였던 관리사무소로 하산하는 방법이다.

그러나 보통은 입석 등산로 입구에서 바로 청량사나 응진전 거쳐 하늘다리와 장

인봉으로 또는 자소봉과 탁필봉 등을 거쳐 오르는 게 일반적이다.
　청량산박물관과 캠핑장이 있는 상가지대는 마치 '트루먼쇼'의 한 장면처럼 일부러 지어 놓은 세트장 같다는 인상을 받는다. 네모반듯 깨끗한 느낌 때문인지 모른다. 상가지대와 청량산 사이엔 낙동강이 흐르고 우측의 저 청량교를 건너면 본격적인 청량산의 관문 청량지문이 나온다.
청량산 입구 낙동강변의 층을 이룬 기암절벽도 산중 볼거리 못지않은 절경이다.

　축융봉(845m)에 올라서면 건너편 청량산 주봉우리들이 바위병풍을 두른 듯 펼쳐지고, 낙동강 줄기가 먼저 시야에 들어온다.
좌측 최고봉인 장인봉부터 선학봉, 하늘다리를 건너면 자란봉, 연적봉, 탁필봉, 자소봉, 경일봉과 탁립봉 등으로 이어지는 청량산이다.
청량산 최고봉인 장인봉은 의상대사가 입산수도한 곳이라 하여 예전엔 의상봉이라 불렀었고 여전히 일부 지도에도 그리 표기되어 있다.

　선학봉과 자란봉 협곡 위로 하늘다리가 놓여졌으니 더욱이나 이름을 알리게 된 계기도 되었다. 단순히 관광객 유치차원에서 산악현수교를 만드는 곳도 많은 요즘에 깊게 패인 저 아찔한 협곡을 오르내린다 생각하면 청량산은 하늘다리의 타당성을 부여해 주는 게 아닌가 싶다.

　저 속속들이 다 아름답지만 청량산을 넓은 시야로 보고 싶다면 축융봉에도 한번 올라 보시라 권하고 싶다. 축융봉은 청량산에서 두 번째 높은 봉우리로, 축융이란 남방의 불을 담당하던 화신을 의미하는데 주세붕이 중국 남악의 이름을 본떠 지은 것이라 한다.

좌측 청량사와 우측 절벽으론 조그맣게 응진전이 세워져 있다.▲

청량사가 내청량사라면 우측 응진전은 외청량사라 할 수 있다.

마치 돌려깎기 한 사과의 겉면처럼 수직의 기암괴석은 봐도봐도 신비로운 일이고, 깎아지른 절벽 바로 아래 조그만 흙길을 다져 건물을 지었으니 응진전은 볼수록 놀라운 일이 아닐 수 없다. 멀리서 보니 더욱 그러하다.

저 곳을 빙 둘러 조그만 길이 난 것도 신기한 일이니 거대 자연 아래 인간의 흔적이 남은 것이다.

청량사에서 응진전 가는 길엔 이황의 자취가 남은 청량정사가 있다. 퇴계가 청량산에 들어와 성리학을 집대성했던 곳이 오산당이었는데 후학들이 오산당 자리에 청량정사를 세워 그의 뜻을 기리고 학문정진을 했던 곳이다.

청량지문 초입엔 퇴계 사색길도 조성되어 있고, 퇴계 이황 선생이 좌우명으로 삼았던 글귀 중 하나인 "사무사"가 새겨져 있는데 생각에 사악함이 없음을 뜻하는 공자의 말이다. "청량산 6.6봉을 아는 이는 나와 흰기러기 뿐이며 어부가 알까 하노라"고 노래한 「청량산가」도 있다.

퇴계가 도산서당을 지을 때 청량산과 지금의 도산서원 자리를 두고 마지막까지 고민하였다 하니 청량산에 대한 애정이 얼마나 깊었는지를 보여 준다.

축융봉 아래 입석 방향에는 청량산성과 밀성대가 자리한다.

청량산은 예로부터 군사적 요충지로 적격이었다.

낙동강을 휘감는 험준한 바위산은 외부 침입을 방어하기에도 유리한 조건이었으니 삼국시대부터 영토를 차지하기 위한 각축장이 되었을 것은 알 만한 대목이다.

처음 산성이 축조된 것은 삼국시대로 추정되고, 고려 공민왕이 2차 홍건적의 난을 피해 청량산으로 들어와 개축하였다가 임진란 이후에 다시 보수하였다 전해진다.

공민왕은 이곳에 성을 쌓고 군사를 훈련시키며 대반격을 준비하고 있을 때 명령을 따르지 않는 군졸이나 백성들을 절벽 끝으로 밀어 처형했다는 밀성대의 전설도 남아 있다. 지금이야 기암절벽이 아름다운 관광지가 되었지만 형벌로 밀어 처벌했다는 이야기를 들으니 오싹함마저 감도는 밀성대다.

주등산로 입구인 입석에서 밀성대까지는 가볍게 산책 삼아 오르기 좋은 길이

지만 단풍철 인파로 붐비는 건너편 청량산에 비하면 한산한 편이다.

늦은 오후, 입석에서 청량사와 응진전으로 향하는 길에는 단풍과 낙엽으로 만추의 충만함이 가득 배어 있다. 사각사각~낙엽 밟는 소리도 너무 좋다.

청량산 하면 역시 청량사를 빼놓고 말할 수 없다.

청량사는 신라 문무왕 3년(663년) 원효대사가 창건했다고 전해지고 창건 당시 33개의 부속건물과 26개의 암자가 있던 대사찰로 신라 불교의 요람을 형성하기도 하였지만 조선시대 숭유억불정책으로 많이 위축되었고, 조선시대 주세붕이 봉우리 이름들을 불교식에서 유교식으로 바꾼 것 역시 억불정책의 영향을 받은 것이다.

원효대사가 청량사 창건을 준비하던 도중 시주로 받아 기르던 뿔이 셋 달린 소가 준공 하루 전날 죽었는데 소를 묻은 자리에 가지가 셋인 소나무가 자라나서 후세 사람들은 삼각우송이라 불렀다는 전설도 남아 있다.

길지중의 길지로 꼽힌다는 청량사는 12봉우리가 연꽃잎처럼 청량사를 둘러싸고 한 가운데 위치하고 있으니 연꽃의 꽃술처럼 아늑히 자리 잡은 것이다.

그 위로는 수려한 기암들이 병풍처럼 솟구쳐 있으니 예로부터 우리나라 3대

기악 중 하나로 꼽혀 왔고 소금강이라 불리던 것도 허튼 소리 아니었다.

위로 종기처럼 뾰족 솟은 봉우리들은 연적봉과 탁필봉, 자소봉이다.

봉화 청량사 건칠약사여래좌상 및 복장유물(보물)과 법당인 청량사유리보전(경상북도 유형문화재) 등의 문화재를 보유하고 있다.

** 2021년 11월 19일 문화재청 고시에 의해 문화재 지정번호가 폐지됨에 따라 더 이상 문화재 지정번호를 붙이지 않아도 된다.

그 등록번호로 인해 문화재를 서열화한다는 논란도 있었을 것이고 국보 몇 호니 보물 몇 호, 사적 몇 호, 명승, 천연기념물, 시도유형문화재 등등… 수많은 문화재 번호 외우기도 어렵고 행여 실수를 할까 번호를 붙이는 게 피곤한 일이었다. 개인적으로는 환영하는 바이다.

국보 제1호 숭례문은 이제 '국보 숭례문'으로, 보물 제1호 흥인지문은 '보물 흥인지문'으로 부르면 된다. 이곳의 봉화 청량산 역시 명승 제23호였지만 이제 '명승 봉화 청량산'이라 하면 된다.

문화재라는 용어가 옛 유물이나 재화의 의미를 강조하는 느낌이 강한 반면 사람이나 자연물을 폭넓게 담기에는 부적절, 부족하다는 이유 등으로 문화재 지정번호 폐지에 이어 문화재라는 용어 변경과 분류체계 변경도 추진 중이라 한다.

금탑봉 아래의 응진전.▲

청량산엔 기암과 명소가 많고 많지만 금탑봉 아래 응진전이 압권이기도 하다.

저 솟구쳐 오른 바위들 아래 터를 일구고 자리 잡은 작은 암자가 오늘날 소담스런 정취로 남아 있다는 것도 감사할 일이고 그 곳을 지나간 우리네 선조 누군가들도 대단한 위인들처럼 느껴지는 일이다.

응진전 위로 보이는 거대 바위의 재질은 진안 마이산의 타포니지형처럼 구멍이 숭숭 뚫려 있다. 벼랑 위로는 바람이 불어도 여러 사람이 밀어도 건들거릴 뿐 결코 떨어지지 않는다는 동풍석도 얹혀 있고 그 설화도 남아 있다.

청량산은 중생대백악기에 퇴적된 역암, 사암, 이암층들이 풍화, 침식, 융기 등의 작용으로 다양한 지형으로 나타나고 있고 계곡 주변으로 수직 수평절리에 의한 풍화혈과 타포니가 발달하여 그로 인한 경관이 뛰어나니 학술적 가치 또한 높은 곳이다.

응진전은 청량사를 창건한 원효대사가 수도를 위해 머물렀던 곳이고, 고려 말 공민왕의 왕비였던 노국공주가 16나한상을 모시고 기도 정진한 곳이라 하니 청량산성에 남은 공민왕의 발자취를 대변해 주기도 한다.

전국 아니 가 본 데 없고 자취 없는 곳 없으니 원효대사는 진정 몸이 열 개라도 모자랐을 불교계의 요즘 같으면 대단한 셀럽이었던 것이다.

응진전에서 바라보이는 건너편 축융봉이다. ▶

그 옛날 공기마저 청정했을 그 시절, 이 암자에 앉아 세상을 내려다보는 기분은

어떤 것이었을까. 득도를 하였든 적막감이 밀려오든 막연한 그리움은 있지 않았을까.

청량산은 예부터 수많은 거목들이 오간 증거 곳곳에서 알 수 있을 만큼 일화들도 많이 전해진다.

대문장가 최치원이 수도하던 풍혈대 근처로 이 물을 마셔 더욱 총명해졌다고 전해지는 총명수가 있는 곳이다. 천길 절벽이 상하로 우뚝 솟은 그곳에 장마나 가뭄에도 일정하게 물이 솟아난다 하니 과거 준비하던 선비들과 이곳을 지나던 수많은 이들의 발자취가 느껴지기도 한다.

나도 총명수 한잔해야 할랑가 보다.

깜빡깜빡하는 데다 말하고자 하는 글 대신 엉뚱한 글자가 튀어나오기 일쑤고, 누군가를 만나 당황해 아무 말이나 뱉어 놓고는 뒤돌아 오면서 내내 후회를 하니 말이다.

　신라의 명필 김생(711년~)이란 사람이 이곳에서 글씨 공부를 하여 붙여진 이름 김생굴이다.▲

　굴에서 공부한지 9년째 되는 어느 날 봉녀라는 베 짜는 여인이 나타나 솜씨를 겨루자고 제안하니 김생과 봉녀가 어두운 굴 안에서 글씨와 길쌈기술을 겨루었는데 김생 글씨는 들쭉날쭉한데 비해 봉녀의 베는 올 하나도 틀림이 없었으니 이는 더욱 정진하라는 계시임을 깨닫고 10년을 채워 드디어 명필이 되었다고 한다.

　붓을 씻었다는 우물의 흔적도 남아 있고 2019년 경북 김천 청암사 수도암 도선국사비에서 김생의 친필이라 추정하는 글씨가 발견되었다고 밝혀져 화제가 되기도 했다.

고려 사신 홍관이라는 사람이 송나라에 갈 때 김생의 글씨를 가져가 보이자 왕희지와 비길 만한 명필이라 하였고 그 뒤로 중국 사신들은 그의 글씨를 귀히 여겨 얻어갔다고도 전한다.

군데군데 파인 김생굴을 보면 해골이나 로봇의 얼굴처럼 보이곤 한다.

저 속 어딘가에서 그 옛날 잠들어 있던 시인 묵객이 비상할 준비를 하고 있는 건 아닌지. 엉뚱한 상상마저 즐기는 청량산의 늦은 오후다.

김생굴 옆으론 천길 낭떠러지에서 쏟아지는 흰 물줄기가 장관이라는 김생폭포도 있다.

청량산 주봉우리 중 하나인 자소봉(840m)이다. 자소봉은 원래 보살봉으로 불리웠는데, 주세붕이 청량산을 유람하며 유교식 이름인 자소봉으로 고쳐 부르게 되었다.

자소봉 주변엔 무려 11개의 암자가 있었다 하니 그 당시 청량산 불심의 핵심이었다 해도 과언이 아니다. ▶

청량산 하늘다리 방문 환영!

저런 걸 굳이 뭐하러 써 놨을까 촌스럽다 생각한 적도 있었는데 오늘 보니 누군가 나를 환영한다 하니 기분 나쁘지 않다.

가는 이 잡지 말고 오는 이 막지 말라 하였더니 오늘 내가 딱 그 기분이다.

환영해 주니 고맙구만요. 🌷

선학봉과 자란봉 두 협곡 사이에 2008년 봉화군에서 설치한 하늘다리다.

이젠 이 정도에 놀랄 일도 아니지만 2008년 이때만 해도 연장 90m 거리로 국내에서 가장 긴 산악현수교량이었다.

많이 유명해진 계기가 되었고 관광지로 자리매김하였지만 굳이 하늘다리가 아니어도 역사적 학술적 유산과 천혜의 자연경관은 언제든 그 가치를 주목받을 명소였다. 청량산 단풍이 한창일 때는 단체 관광객이 몰리는 대표적인 산지로, 이 거대 협곡과 주변 봉우리들의 수려함을 외면하지 못함이다.

중국의 청량산 부럽지 않은 우리의 청량산이 예 있소이다. 금강굴 쪽에서 본 장인봉 모습이다.

기암봉이 우람하고 날카로울수록 그 속엔 가파름도 숨겨져 있는 법.
장인봉에서 금강굴 방향으로 내려서는 길은 좁은 철계단이 많이도 이어진다.
그래서 금강굴로 하산하는 것보단 청량폭포로 하산하는 사람들이 많은데 금강굴 쪽보다 훨 수월한 편이다.

구멍이 숭숭 뚫리고 자갈을 붙여 놓은 것도 같은 금강대와 금강굴 일대다.▲ 금강굴은 퇴계의 제자였던 성재 금난수가 한 달간 공부한 적이 있고 정안이라는 승려가 수도하며 머물렀다고도 전한다.

금강암이라는 암자도 있었다 하고 1579년 청량산을 유람하던 길봉 김득연의 기록에서 금강암과 금강굴의 모습을 가늠해 볼 수도 있다.

험로를 거듭 지나 마침내 금강굴에 도착하니
굴에 조그만 암자가 있고 암자 밑은 절벽이다.
시렁처럼 얹힌 바위가 곧 기와지붕을 대신하였고 층계구름이 고요히 일었다.
여기는 바로 정안이라는 승려의 거처였지만 돌아올 시간까지 있을 수 없어 내려왔다.
바위 끝에서 지팡이에 의지하여 먼 곳을 바라보니 벼랑이 갈라진 곳에 한줄기
물이 철철 흘러 아래로 빙 둘러 내려가서 더욱 이 암자의 빼어난 경관을 도와주었다.

-김득연,「유청량산록」-

　계단이 생기고 등로가 다듬어진 지금도 아래로는 절벽의 아찔함과 가파름이 뒤따르는 곳이니 그 시절이야 오죽했겠는가.
이 길을 지난 이들의 거친 숨소리가 그대로 들리는 듯 하고, 절경에 감탄하며 힘듦을 잊었을 갓 쓴 선비의 모습도 아른거린다.
그 기록 하나가 후세에 와서까지 그날들을 더듬어 볼 수 있는 귀한 자료가 되었으니 기록이란 인류의 위대한 자산이 아닐 수 없다.

청량산은 산정도 아름답지만 초입에 낙동강을 낀 기암절벽 청량곡이 압권이기도 하다. 청량교를 건너 좌측으로는 금강대와 금강굴 절벽이 아찔하게 솟았고, 우측은 상대적으로 덜 찾는 축융봉 오름길이다.

가운데 청량지문 도로 따라 올라가면 주 들머리인 입석이 나온다.

청량산에 서면 소백산과 태백산, 일월산, 구룡산, 문수산, 옥돌봉, 학가산, 안동호 등을 조망할 수 있다.

온혜(567번) -교보생명 앞

교보앞	행선지	온혜	비 고
06:00	06:30		서부 06:30-방잠 06:40-장수골경유
05:50	06:40	07:00	온혜-북곡(청량산)-올때 가송
06:10	07:25	07:45	온혜-내살미(백운지 07:10, 올때 단천회관)
07:30	08:20	08:50	온혜-널매 08:20-머골 08:35-운곡-(올때 방잠 09:10)
08:50	10:20	10:40	온혜-북곡(청량산)
09:40	11:00	11:10	온혜-도산서원 11:00-온혜
10:40	11:30	12:10	온혜-이육사문학관 11:30-도산서원 12:00-온혜
11:50	13:20	13:40	온혜-북곡(청량산)
12:50	14:10	14:20	온혜-내살미(갈때 백운지)-도산서원 14:10-온혜
13:30	14:45	15:00	온혜-갈때 운곡-머골경유-널매 14:45-온혜
14:50	16:20	16:40	온혜-갈때 가송-북곡(청량산)
16:00	17:05	17:15	온혜-도산서원 17:05-온혜
16:50	17:50	18:05	온혜-내살미(백운지, 단천회관 왕복) 올때 방잠 18:20
18:20	19:30	19:40	방잠-온혜-머골-북곡(청량산)19:30

    청량산을 가기 위해선 봉화와 안동에서 버스를 이용할 수 있는데 봉화보다 안동 교통이 나은 편이다. 그 일대 지역에 거주하는 게 아니라면 청량산을 당일에 대중교통에 맞춰 다녀오기 그리 녹록하지 않은 곳이었지만 다행히 2021년 1월, 서울에서 안동까지 KTX가 개통되면서 당일 여정도 한결 수월해졌다. 안동 교보생명 앞에서 청량산 가는 버스를 이용하면 된다.

    '온내'가는 버스를 타면 된다고 친절하게 말씀해 주시던 시내버스 기사님과 한 시민분께서 알려 주신 '온내'는 알고 보니 '온혜'였다.
그 지역 특유의 억양을 알아듣지 못하고 헤맸으니 다시 생각해도 웃음이 난다. 낫 놓고 기역자도 모르는 꼴이 된 것이다.

    터미널로 돌아가는 시내버스도 우연히 또 그 기사님 차를 타게 되었으니 아는 이 아무도 없는 타지에서 잘 다녀왔느냐 반가워해 주고 안부를 물어 주시는 분이 있다는 게 너무도 감사하게 느껴졌다.

    오고 가며 만난 분들의 온화한 미소와 기암 절경이 어우러진 청량산의 늦가을은 그 자체로 아름다움이었다.

5. 흰 거위 떼의 산 - 화순 백아산

전남 화순군 백아면에 석회암석으로 이루어진 바위산이 하나 솟아 있는데 백아산(810m)이다. 푸른 소나무들 사이로 솟아 오른 바위들이 마치 흰 거위들이 노닐고 있는 모습처럼 보여 흰 백(白), 거위 아(鵝)자를 써 백아산이라는 이름이 붙여졌다. 흰거위산이라 부르는 이유다. 백아산 자체는 날카로운 바위가 많지만 잘 정비되어 순탄한 산행을 즐길 수가 있다.

화순군 백아면은 2019년까지만 해도 화순군 북면이었다.

화순군은 2020년 1월 1일부터 방위 구분으로 동서남북에 맞춰 이름 지어졌던 남면은 사평면으로, 북면은 백아산을 따서 백아면으로 변경해 부르게 되었다.

백아산 대중교통은 그리 수월한 편이 아니어서 자차나 산악회 버스를 이용하는 게 더 나을 수 있다. 광주에서 화순 경유해 북면(백아면) 가는 217번 버스가 있지만 하루 몇 대 되지 않고 이용객 감소세에 따라 점차 줄어들기도 하니 미리 확인을 해 보는 것이 좋다.

가장 많이들 이용하는 주등산로는 화순군 백아면 관광목장이나 덕고개에서 시작해 구름다리나 정상까지 갔다가 다시 원점 회귀하는 방법, 또는 정상에서 백아산휴양림으로 하산하는 방법이다. 어느 코스든 6~8km 정도면 충분한 거리니 산행에 큰 뜻이 없는 사람도 슬슬 올라 보기 좋은 산이다.

가볍게 하늘다리까지만 올랐다가 내려가는 사람들도 많다.

　백아산이라는 이름을 더 널리 알리게 된 계기는 역시나 백아산의 명물 하늘다리 때문이기도 하다.

하늘다리는 해발 756m 지점의 마당바위와 절터바위를 연결하는 길이 66m, 폭 1.2m, 통과하중은 최대 30명이 동시에 건널 수 있도록 설계 시공되었다.

　워낙 길고 높은 다리들이 많이도 생겨나는 요즘이니 이제 이 정도 다리는 애교 수준에 불과하지만 2013년 12월 개통이 되었을 때는 새로운 명소 탄생과 함께 아름다운 풍광에 관광객들 탄성을 자아내게 했다.
　사람에 치여 떠밀리듯 건넜던 기억, 경관이 좋은지 어떤지도 모르고 어서 혼잡에서 벗어나고픈 마음뿐이었다. 10년의 시간이 지나 다시 찾은 백아산엔 그때 느끼지 못했던 감미로운 바람이 불고 있었다.
　여기저기 최장이고 최고 높이라야 이슈가 되는 세상에 아기자기 그리 위협적이지도 크지도 않은 모습에 인공구조물이지만 멋스럽다 라는 생각마저 든다.
　마치 오늘이 처음인 양 모든 게 신선하기만 하니 이 모든 건 여유로움이 주는 생각의 변화였을 것이다.

마당바위에서 하늘다리로 이어지는 암릉엔 안전을 위해 150m 데크로드가 연결되어 편안하게 주변 감상하며 걷기에 좋다.

백아산의 조망이야 부족함이 없다.

무등산은 기본에 지리산의 반야봉과 만복대가 넘실거리고 강우레이더 관측소가 있는 모후산, 조계산, 옹성산, 동악산, 문덕봉, 불태산과 병풍산 등등 호남의 명산들이 사방으로 막힘이 없다.

여기저기 호남정맥을 따라 짚어 보기도 하면서 가장 많은 시선이 따라가는 곳은 역시나 가까이의 무등산이다. 흰 의상을 입은 여성분 맨 우측으로 있는 봉우리가 풍만한 무등산이다.

우측 무등산에서 안양산을 지나고, 좌측으로는 풍력발전단지가 세워진 별산으로 이어지게 된다.

맨 좌측 볼록 올라온 봉우리는 화순 옹성산이고, 아래로는 동복호가 흐른다.

옹성산성이 있는 옹성산은 기이한 형상의 쌍문바위와 옹암바위, 발아래 동복호와 화순적벽을 조망할 수 있고 동복호 근처엔 김삿갓 종명지도 있어 한 번 쯤 둘러볼 만한 곳이다.

조용한 평일 백아산에는 여성 산객 한 분과 도란도란 이야기를 나누면서 관광목장에서 오르던 여성 두 분이 전부였다. 그러니 오늘 이곳에 선 몇 안 되는 이들에게 이 바위와 너른 산하는 온전히 자신들만의 것이 되었다.

백아산은 지리산과 무등산을 잇는 지리적 특성과 험한 산세 때문에 한국전쟁 때 빨치산의 주둔지가 되었다. 토벌대와 빨치산의 격전지가 되었고 많은 사상자가 발생했는데 당시 하늘로 돌아간 희생자들의 넋을 기리는 의미에서 산악 현수교 이름을 하늘다리라 하였고, 하늘다리 건너기 전 마당바위에 그 안내문도 세워져 있다.

2022년 4월, 육군 제31보병사단이 백아산 일대에서 유해 발굴 작전을 펼친 결과 국군으로 추정되는 유해 1구를 발견했다는 뉴스도 우연히 접하게 됐다.

이곳에 울린 총포 소리며 얼마나 많은 희생자들이 있었을지 막연하게나마 짐작이 가는 소식이었다.

　백아산은 주변의 녹음과 운해, 설경은 물론 철쭉산으로도 많이 알려져 있다.

　이상 고온으로 이르게 철쭉은 다 져 버렸고, 다른 유명한 철쭉군락지처럼 그렇게 큰 규모는 아니지만 분지처럼 아늑한 언덕은 어느 목초지에 온 듯 평온함이 전해진다.

　이곳의 철쭉군락지에는 산철쭉과 철쭉이 섞여 있다.

　이 언덕에 진달래와 철쭉, 산벚꽃이 한창일 때는 주변이 다 밝아질 것이다.

　철쭉동산 맨 뒤로 뾰족 솟은 곳이 백아산 정상이다.

하늘다리 좌측이 마당바위, 우측이 절터바위다.

너른 평지 마당바위며 데크로 인해 크게 인식하지 못했지만 조금 떨어져서 보면 험준한 암릉 위에 세워진 하늘다리라는 실감을 하게 된다.

광주나 화순 근처를 지나다 하늘다리와 암릉이 보이면 백아산이라고 바로 알아볼 수 있을 만큼 친근한 모습이 되었다.

석회암석으로 이루어진 산답게 백아산 정상을 포함 곳곳에 희끗거리는 바위가 이어진다. 이 바위들이 마치 흰 거위떼처럼 보여 흰거위산(백아산)이 되었다는 말에 어느 정도는 수긍이 가기도 한다.

우리나라 산에서 절대 빼놓을 수 없는 게 소나무다.

소나무 없는 바위산은 생각할 수가 없고 소나무가 어떻게 자라는지에 따라 절경이라 칭하기도 하듯 백아산엔 커다란 바위를 뚫고 나와 옆으로 자라는 소나무 하나도 이 길의 상징이 되었다.

백아산(810m) 정상에도 바위가 많다.

백아산 정상에서는 백아산휴양림으로 향하는 능선과 연결된다. 하늘다리에서 백아산 정상까지는 바위 볼거리가 많다면 휴양림으로 가는 길은 전형적인 육산으로 숲이 울창해 걷기에 좋다. 하늘다리와 정상 위주로 많이들 찾으니 상대적으로 백아산휴양림 쪽으론 더 한산한 편이다.

~5월 초순의 백아산 등로에서는 애기나리, 때죽나무, 청미래덩굴, 옥녀꽃대, 회잎나무, 보리수나무, 광대수염, 전호, 미나리냉이, 덜꿩나무, 노린재나무, 미나리아재비, 정금나무, 선밀나물, 뽀리뱅이 등 꽃 핀 모습을 볼 수 있었다. 몇 개체만 소개한다.

이제 막 시작된 5월의 숲은 온갖 생명체들로 싱그러움이 넘쳐 난다.
　이맘때 산길을 걷다 보면 자주 접하게 되는 애기나리(애기나리과 애기나리속)다. 원줄기 갈라짐이 많고 전체적으로 키가 큰 큰애기나리도 있다.▲

산형과의 식물들은 꽃만 봐서는 구별이 어려운데 바깥쪽 꽃잎이 유독 커서 구별하기 쉬운 전호(산형과 전호속)다. 전호의 어린잎은 나물로도 먹는다.◀

잎은 미나리를 닮았고, 꽃은 냉이를 닮아 이름 붙여진 미나리냉이(배추과 황새냉이속)다. 냉이나 미나리처럼 어린잎일 땐 나물로 먹기도 한다.▲

** 원래는 십자화과였던 식물들이 배추과로 변경되었지만 여전히 배추과보다는 대부분 십자화과로 알고 있고 그렇게 쓰이고 있다.** 국생종(국가생물종지식정보시스템)이나 국가표준식물목록에도 십자화과가 사라지고 그 자리를 배추과가 대신하고 있다.

식물의 기본적인 자료는 국생종이나 국가표준식물목록을 참고하지만 과거에 만들어진 자료나 정보들도 많아 부정확하기도 하고 빠르게 바뀌는 식생들을 따라잡지 못하는 경우도 있다. 그런 이유 등으로 사이트에서는 지금 현재 새롭게 업데이트 해 나가는 중이다. 특히 식물 분류체계에 있어 변경된 것과 기존의 것이 혼용되어 쓰이다 보니 혼란을 주기도 한다.

홀아비꽃대(홀아비꽃대과 홀아비꽃대속)와 비슷한 옥녀꽃대(홀아비꽃대과 홀아비꽃대속)가 꽃을 피우고 있다.

홀아비꽃대는 중부와 북부 쪽에서 주로 볼 수 있는 반면 옥녀꽃대는 남부지방에 자생한다. 노란 꿀샘이 보이는 홀아비꽃대와 달리 옥녀꽃대는 노란 꿀샘이 안 보이거나 거의 보이지 않고, 수술도 홀아비꽃대에 비해 좀 더 가늘고 길고, 수술이 촘촘하지 못하고 헐겁게 피는 편이다.▲

이것이 주로 중부지방에서 볼 수 있는 수술이 촘촘한 편이고 노란 꿀샘이 보이는 홀아비꽃대(홀아비꽃대과 홀아비꽃대속)다.▶

덩굴성인 밀나물과 달리 서 있는 밀나물이란 뜻의 선밀나물이다. 선밀나물(청미래덩굴과 청미래덩굴속)은 원래 백합과였다가 청미래덩굴과로 바뀌었는데 아직 국생종이나 국가표준식물목록에는 백합과로 되어 있다. (2022년 12월 기준)

선밀나물은 암수딴그루로 대부분 종이 그러하듯 암꽃보다는 수꽃을 더 흔하게 접할 수 있다. 이것은 수꽃이다.

수꽃의 수술은 6개, 화피(꽃받침과 화관의 총칭)는 보통 6장으로 옆으로 펴지는 느낌이다.▲

이것이 선밀나물 암꽃이다.

암꽃의 암술은 3갈래로 갈라지고, 암꽃의 화피는 배 모양으로 자방에 붙어 있다.▶

5월 초순 이 계절에 피어나는 모든 건 싱그럽다. 청미래덩굴(청미래덩굴과 청미래덩굴속) 수꽃이다.

망개떡~외치던 그 떡을 싼 잎을 망개(잎)라 많이들 부르지만 국명은 청미래덩굴이다. 지역에 따라 맹감, 명감이라 부르기도 한다.▲

4수성의 회잎나무(노박덩굴과 화살나무속) 꽃이다.▶

꽃이며 잎 모양이 똑 닮은 화살나무는 가지에 코르크질 날개가 있어 구별된다.
물론 두 나무를 하나로 봐야 한다는 견해들도 많다.

이 모습에 어릿광대가 떠오르는가.▲

  광대의 옷차림 같은 모습과 꽃받침 아래로는 거친 수염이 난 듯 보이니 광대수염(꿀풀과 광대나물속)이라는 이름이 생겨났다. 조금 습한 전국 산이나 들 어디에서나 잘 자라는 편이다. 또 다른 광대가 떠오르는 광대나물(꿀풀과 광대나물속)도 있다.

이른 봄이면 양지바른 어디라도 잘 자라는 광대나물(꿀풀과 광대나물속)이다. 흔한 잡초지만 자세히 들여다보면 화려한 의상을 입고 춤추는 광대의 몸짓을 하고 있어 붙여진 이름이다.▲

미나리아재비(미나리아재비과 미나리아재비속)다.◀

미나리아재비와 비슷한 꽃들이 많다. 왜미나리아재비, 바위미나리아재비, 개구리자리, 개구리갓, 개구리미나리, 젓가락나물 등등

많이들 혼동하는 철쭉(왼쪽)과 산철쭉(오른쪽)에 대해서만 마지막으로 올려 보려 한다. 철쭉이 연한 분홍색이라면 산철쭉은 진한 분홍색이고 꽃잎 안쪽에 반점 무늬가 더 진하고 많은 편이다.

산이라는 접두사는 산에 자라는 아이에게 부여했어야 했는데 산철쭉은 원래 물을 좋아해 수달래라 부르기도 하고, 물가나 계곡 부근에서 자라던 것이 요즘엔 산능선 어디에서나 볼 수가 있다.

군락 지어 자라는 산철쭉 특징으로 철쭉축제라 하는 많은 곳은 산철쭉이 많다.

둥글고 넓은 밥주걱 모양이 철쭉 잎이라면 좁은 긴 피침 모양이 산철쭉 잎이다.

진달래와도 혼동할 수 있겠지만 진달래는 꽃이 먼저 피고 꽃이 질 무렵 잎이 올라오는 반면 철쭉이나 산철쭉은 꽃과 잎이 함께 피는 편이다.

녹음으로 뒤덮인 산자락과 싱그러운 들풀꽃들, 험준한 바위산이 아닌 듯 사뿐 거닐 수 있는 것만으로도 백아산의 매력은 충분하다.

 화순군은 농촌 개발사업으로 화순온천-백아산 연계도로 개설공사도 추진 중이라 하니 한층 더 접근이 용이해지고 관광객 유치에도 박차를 가할 것으로 보인다.

6. 국내 최장의 출렁다리 - 순창 채계산

　전북 순창군 적성면 괴정리에 위치한 채계산은 적성강변에서 동쪽을 바라보면 비녀를 꽂은 여인이 달을 바라보며 창을 읊는 모습(월하미인)의 형상을 하고 있다 하여 붙여진 이름이다.
　또한 바위 모습이 수만 권의 책을 쌓아 놓은 것 같다 하여 책여산, 적성강을 품고 있어 적성산, 화산옹의 바위 전설을 간직하고 있어 화산이라 불리기도 한다. 2020년 출렁다리가 생긴 뒤 채계산이 더 널리 알려진 계기도 되었다.
　대부분은 긴 산행 대신 출렁다리주차장에 주차를 하고 출렁다리까지 또는 출렁다리에서 정상까지 올랐다가 주차장으로 돌아가는 경우가 많다.
제대로 된 산행을 하겠다면 보통 유등면 책암마을에서 시작해 채계산 정상을 지나 출렁다리와 책여산 거쳐 구송정유원지로 하산을 하게 된다. 약 9km다.

　출렁다리를 사이로 두 정상이 있는데 지도에도 같은 채계산이라 표기가 되어 있고, 예전엔 이름을 혼용해 쓰기도 해서 많이들 헷갈려하는 곳이기도 하다.
　출렁다리가 생긴 뒤 순창쪽 정상은 채계산으로, 출렁다리 건너 남원쪽은 책여산으로 분리해 부르는 분위기가 많이 굳어졌다. 구분하기 편리하게 남원쪽이라 부르지만 책여산 정상 역시 순창군 동계면에 속한다.
채계산 정상은 송대봉(360m)이고, 반대편에는 한글로 새겨 두었다.

　순창에서 출렁다리까지는 1일 약 19대 정도의 버스를 운행하고 있어 대중교통 이용도 순탄하다. 주로 종주산행 때 이용되는 유등면 책암마을은 교통편이 좋지 못해 현지인이 아니라면 순창버스는 시간 맞추기가 어렵고 남원역에서 9시 40분쯤 지나는 231번 버스를 타고 입암 종점까지 가는 방법이 최선이다. 종점인 입암에서 책암 들머리까지 아스팔트길을 30분 걸어야 하지만 그래도 시간이 맞으니 충분히 이용할 만하다.

정상 데크 전망대에 서면 하염없이 넋을 놓게 되는 풍경이 펼쳐진다.
출렁다리가 생긴 뒤, 많은 관광객이 채계산을 찾고 있지만 출렁다리보다 나는 이 모습이 보고 싶어 채계산에 온다.
네모반듯한 적성들녘과 곡선미를 자랑하는 섬진강 물줄기의 어우러짐이 태평성대란 이런 거야 말하는 것만 같다.
저 들판은 유채와 벼가 심어졌던 곳인데, 벼를 이용한 팝아트(논그림)가 그려지기도 했었다. 이제는 희미해져 보이지 않으니 돈 낭비만 했다는 사람들도 있다.
굳이 팝아트가 아니더라도 유채가 한창일 땐 화사함이 더해졌겠고, 벼가 익어갈 땐 풍성함이 있었겠지만 지금은 지금대로 들녘 본연의 모습이 느껴져 좋다. 섬진강은 아무 일 없다는 듯 굽이돌아 흐르고, 장쾌한 순창의 산군들과 적성 들녘은 평화롭기 그지없으니 봐도 봐도 아름다운 풍경이다.

채계산에서는 순창의 용궐산과 무량산, 풍악산, 아미산, 강천산, 회문산은 물론 남원의 문덕봉과 고리봉, 동악산, 무등산, 만복대와 노고단, 반야봉의 지리산까지 호남권의 폭넓은 조망이 가능하다.

물길이 좋은 산행지 중에 아직 많이 알려지지 않은 순창의 무직산도 가 볼만하다.
치천이 U자 모양으로 휘감아 흐르면서 만들어 낸 한반도지형을 볼 수 있어 알음알음 찾는 이들이 많아지는 곳이다.

채계산 송대봉과 출렁다리 사이에 있는 칼바위능선은 채계산에서 가장 스릴 있고 바위산의 기질을 제대로 보여주는 구간이다.

철 난간과 계단이 잘 연결되어 있어 특별히 위험하진 않다.

칼바위능선에서 보이는 건너편은 남원 쪽의 채계산(책여산)이다. 그러니까 저 중간에 출렁다리로 연결되어 있다.

2020년 3월 개통된 채계산 출렁다리는 국내 최장 산악현수교로 길이는 270m, 높이는 75~90m에 이른다.
24번 국도 사이에 순창군 적성면 쪽 채계산과 순창군 동계면쪽(남원 방향)의 채계산을 잇는 출렁다리가 생김으로 두 채계산을 하나로 이어 걷기 편리하게 되었다.
파주 감악산에도 원주 소금산에도 최장이라는 다리가 생기면서 큰 이슈를 불러 일으켰는데 어느새 과거가 되었다.

　남원 책여산쪽 전망대에 올라 바라본 출렁다리와 건너편 칼바위능선의 장군봉과 채계산 정상이 겹쳐져 보인다. 녹음에 뒤덮였지만 날카로운 바위산임이 그대로 드러난다. 아래 주차장은 평일이라 한산하다.▼

책여산 지나 날머리로 이용되는 남원 서호마을 구송정유원지 방향이다.▲ 우측으로 동계면 소재지다. 남원행 3시 40분 버스는 동계를 거쳐 간다.

그 버스는 풍악산 들날머리로 이용되는 비홍재와 김시습의 「금오신화」에 실린 단편소설 「만복사저포기」의 배경이 되었던 만복사지도 거쳐 간다.

김시습은 계유정난(세조가 단종의 왕위를 빼앗은 사건)을 침통해 하며 승려의 길을 걷기도 한다.

~6월 중순의 채계산엔 특별한 야생화 대신 친숙한 들풀꽃나무들이 자릴 메우고 있었다. 씀바귀와 외대으아리, 노루발풀, 덜꿩나무, 가막살나무, 감태나무, 때죽나무, 땅비싸리, 조록싸리, 엉겅퀴, 꿀풀, 고삼, 인동덩굴 등등… 몇 가지만 소개한다.

야생화가 많지 않은 산지, 그리고 좀 애매한 시기. 하지만 그 안에도 다 생명들은 숨 쉬고 있다. 6월 중순, 이 산중에 가장 많이 보이는 것은 아무 수식도 붙지 않는 그냥 씀바귀(국화과 씀바귀속)다. 노란 꽃잎은 보통 5~7장에 꽃술이 검은 게 특징. 같은 조건에 꽃잎이 흰색이라면 흰씀바귀다. 들가나 저지대에서 볼 수 있는 꽃잎이 많은 선씀바귀(흰색)나 노랑선씀바귀와 달리 씀바귀나 흰씀바귀는 산중에서나 볼 수 있다. 잎이 줄기를 감싸는 고들빼기와 달리 씀바귀는 잎이 줄기를 감싸지 않는다.▲

한약재로 쓰이는 고삼(콩과 고삼속)이다.◀

이름에서 이미 얼마나 쓸지 짐작이 가고, 뿌리가 흉측하게 구부러져 있어 "도둑놈의 지팡이"라는 별칭도 가지고 있다. 고3 아니고 고삼이여유~

때죽나무(때죽나무과 때죽나무속) 꽃 위로 덜 익은 바나나처럼 생긴 것은 열매나 꽃봉오리가 아닌 때죽나무의 충영(벌레집, 벌레혹)이다.▼

이것은 무엇으로 보이는가.◀

붉게 익어 가는 열매처럼도 보이겠지만 이것 역시 충영이다.

나무마다 충영의 모양이 다르니 행여 이 나무가 무슨 나무인지 잘 모른다 하여도 충영을 보면 알 수도 있다. 이것은 감태나무의 충영이다.

감태나무(녹나무과 생강나무속)는 추위에 약해 충청도 이남, 주로 남부지방에서 만날 수 있다. 감태나무의 다른 이름으로는 제주도 방언에서 유래한 백동백나무라고도 불렸다는데 동백나무처럼 열매로 기름을 짜 이용했기 때문으로 추정할 수 있다.

꽃은 처음에 흰색이었다가 점차 노란색으로 변하는 인동덩굴(인동과 인동속)이다.▶

남부지방에선 한겨울에도 푸른 잎을 달고 겨울을 넘기니 어려운 환경도 잘 버티고 인내한다는 뜻에서 인동이라는 이름이 붙여졌다. 흰색에서 노란색으로 변한다 하여 금은화라는 별칭도 있고, 본 이름 인동덩굴보다는 인동초라고 많이들 부른다.

　이 계절, 이 산에서 가장 많이 본 것은 씀바귀와 더불어 노루발풀(노루발과 노루발풀속)이다. 최대한 수그려봐도 이 도도한 녀석, 얼굴 보기가 참으로 까탈스럽다.

　소나무가 많은 산지답게 가는 내내 이 아이들이 따라 붙는다.

　소나무나 키 큰 나무 아래에서도 잘 자라는 늘 푸른 상록식물 노루발풀이 반가운 이유는 아무런 녹음이 없는 한겨울 차디 찬 눈밭에서도 저 두터운 잎을 달고 황량함을 달래 주기 때문이다. 이제야 제 꽃을 피워 낸 것이다.▲

들의 꿩이 좋아하는 열매라 해서 이름 붙여진 덜꿩나무(산분꽃나무과 산분꽃나무속)다.◀

덜꿩나무는 비슷한 가막살나무에 비해 잎 끝이 가늘고 길게 뾰족해지는 반면 가막살나무는 둥근 잎이 끝에서만 급격히 뾰족해진다. 덜꿩나무는 잎자루가 거의 없이 짧아 줄기에 바짝 붙어 있고, 그에 비해 가막살나무 잎자루는 긴 편이다.

잎자루가 길고, 잎이 둔하고 둥글다가 끝이 급하게 뾰족해지는 가막살나무(산분꽃나무과 산분꽃나무속)다.
잎의 꼬리가 더 긴 것을 산가막살나무라 구별하고 있다.

덜꿩나무는 잎겨드랑이에 가시처럼 생긴 탁엽이 있고 가막살나무는 없다.◀

걷는 자체가 힐링이 되는 채계산 비녀길, 섬진강과 드넓은 들녘만으로도 가슴 시원함이 전해지는 곳, 두 개의 바위산 사이를 잇는 출렁다리로 인해 **더욱 유명세를 타게 된 물길과 기암절벽, 산중 출렁다리가 삼박자를 이루는 순창 채계산이었다.**

7. 진안 구봉산 구름다리 - in 대둔산

　전북 진안군 주천면과 정천면 사이에 우뚝 솟은 아홉 개의 바위 봉우리가 구봉산이다. 그동안 진안 마이산이나 운장산에 가려 상대적으로 많이 알려지지 않았고 깎아지른 바위절벽으로 등반이 그리 쉬운 산은 아니었지만 계단과 데크 등 안전시설이 갖춰지고 구름다리도 개설이 되면서 이제는 그 험한 바위산이 좀 더 대중적으로 다가갈 수 있는 절경지가 되었다.

　주요 들날머리는 진안군 주천면 정주천로 구봉산주차장으로 진안에서 정천 방면의 버스를 이용하면 된다. 버스시간표 정천 방향 중에 '내처사'라고 쓰여 있는 곳은 운장산 들머리이기도 하다. 교통도 그만하면 나쁘지 않아 대중교통으로 충분히 다녀올 수 있는 산지들이다.
　인삼으로 유명한 진안답게 진안터미널 앞은 인삼 가게가 늘어선 것도 진안만의 독특한 풍경이 되었다.

구봉산주차장과 구봉산 전경.▲

조용한 날, 단풍도 많이 지고 있는 시기라 주차장은 한산한 모습이다.

구봉산은 보통 1봉부터 8봉 그리고 9봉인 천왕봉으로 진행하는 게 일반적이지만 역순으로 돌아도 된다. 약 7km로 보통 5시간을 잡는 편이다.

우측 구봉산 1봉부터 8봉까지의 암봉 그리고 좌측 떨어져 있는 곳이 9봉인 천왕봉이다. 구봉산 산행 중 9봉 오름길이 가장 힘든 구간이기도 하다. 정상으로 가지 않고 중간에 쑥 꺼진 돈내미재에서 바로 주차장으로 하산할 수도 있다.▶

　우측 1봉부터 구름다리가 있는 4봉과 5봉을 건너면 또 다시 조그마한 다리가 하나 있는 7봉과 8봉으로 연결된다.

　단풍은 이미 남으로 많이 내려간 상태지만 은은한 자태는 쉬 꺼지지 않는다. 크게 산행에 마음이 없는 이들에게 저 날카로운 기암 바위봉들은 그저 바라보기 좋은 산이었을지도 모른다.

그런 뾰족 봉우리와 봉우리 사이에 다리와 다리가 연결되니 이제는 철이 되면 떠올려지는 한 이름이 되었다. 나에게는 딱 20년 만의 구봉산이다.

　산이라고는 관광 삼아 올랐던 유명 명산 몇 곳이 전부이던 시절, 시설도 전혀 안 되어 있던 이 험한 곳을 샌들 신고 기어올랐으니 신발도 내 발도 성한 곳 없이 내려왔었던 곳이 언젠가부터 알아보기도 어려울 만큼 많이도 변해 있었다.

　구봉산 정상까진 2.7km로 거리는 길지 않지만 바위 봉우리를 오르내려야 하는 것이라 시간을 여유롭게 잡고 올라보는 게 좋다. 마지막 9봉 오를 때 힘이 많이 드는 곳이기도 하고, 시간에 쫓겨 9봉에 오르지 못하고 하산하는 사람들도 종종 보게 되니 말이다. 운장산과 구봉산을 연계해 산행하는 사람들도 많이 있다.

　구봉산(1002m)도 조망이 좋지만 운장산(1126m)은 정상 주변의 세 봉우리(운장대, 칠성대, 삼장봉)가 모여 웅장하고도 일망무제라는 소리가 나올 만큼 시원스런 조망이 펼쳐진다. 특히나 운장산은 겨울 설경지로 많이 찾는 곳이기도 하다.

　은행잎도 모두 떨어져 버리고 은행을 줍던 어르신, 잠시 앉아 쉬고 계시는데 그 모습이 아름다워 보이면서도 쓸쓸하게 다가온다. 사람이 옆을 지나면 한 번쯤 쳐다보게 되는데 인기척을 못 느끼시는 건지 한동안 저 자세로 자리를 뜨지

않으셨다.

　구봉산 바위 봉우리를 오르다 보면 조금은 거칠고 잘 다듬어지지 않은 것이 마치 한 석공이 수십 년 한 땀 한 땀 내리치며 만들어 가는 과정처럼 보여졌다. 그래서인지 더 정감이 가고 어디로 튈지 모르는 무한매력의 소유자처럼 구봉산을 더욱 빛나게 해 주고 있다.
　구봉산은 백악기 중기(9천만 년~8천만 년)에 형성된 진안분지 주변의 단층을 따라 선상으로 관입한 마그마에 의해 형성되었다 한다. 구봉산을 구성하는 유문암질 화성암이 관입 후 냉각되면서 주상절리(균열)가 만들어졌고 절리를 따라 일어난 풍화 침식에 의해 9개의 봉우리가 형성되었을 것이라 예상할 수 있다고 한다.
　과학적 접근은 그때 뿐, 억겁의 세월이 만들어 낸 자연이 그저 위대해 보일 뿐이다.

  1봉과 2봉 3봉 하나같이 그만의 특색과 매력을 가지고 있지만 그래도 구름다리 가기 전까진 구름정이 있는 4봉에 가장 눈길이 간다.

  강가 어느 기암괴석 위로 지어진 누각이 떠오를 만큼 바위와 정각의 조화로움에서 유려함이 뿜어져 나온다.

  앞뒤로 걸으시던 한 여자분, 계단을 오를 때마다 한쪽 엉덩이를 손으로 움켜쥐고 걷고 있다. 몇 년 전, 어느 TV프로를 보신 게 분명하다.

  아마도 한번쯤은 따라해 보고 싶은 충동을 느낄지도 모른다.

  계단을 오를 때 한쪽 엉덩이를 손으로 잡아 주면 힘이 덜 든다는 내용이었다.

  나도 그 프로그램을 본 뒤, 진짜 효과가 있는지 잠시 저 포즈를 취해 보았지만 팔과 손이 불편하고 힘들어 바로 내려야 했으니 계단 오를 때마다 저 자세를 유지하는 저 분이 참 대단하게 느껴졌다.

  산행을 한다는 것은 길을 걷고 가까이의 들풀꽃나무나 바위, 그 산의 형태 등도 살피게 되지만 그 지역 주변으로 무엇이 자리하는지, 멀리 보이는 산들은 어디인지 살펴보는 것도 산길을 걷는 큰 즐거움이다.
  겹겹이 너울 치는 너른 조망에 환호하는 이유일 것이다.
  오늘 이 구봉산길에서도 역시나 이름 알 만한 명산들의 너울에 가던 걸음을 수없이 멈추게 된다.
이 일대에선 어느 곳에서나 지리산과 덕유산 조망이 가장 반가운 일이기도 하다. 봉우리 봉우리 넘을 때마다 함께 따라붙는 덕유산에는 애정의 시선이 따라갈 수밖에 없다.
  용담호도 산행 내내 함께한다.
  구봉 정상을 넘어 하산 길엔 지리산과 마이산도 확인할 수가 있다.
  이외에도 섬진강 발원지인 데미샘이 있는 진안 선각산을 비롯해 덕태산, 영취산, 장안산, 백운산, 성수산, 명도봉, 명덕봉, 성치산, 조항산, 민주지산, 각호산, 적상산, 진악산, 서대산, 식장산 등등 장수와 진안, 함양, 금산, 대전 등의 명산들이 어디 하나 거칠 것 없이 너울거린다.

4봉 전망대에서 본 구름다리와 뒤로 우뚝 솟은 천왕봉의 자태.▶

크게 이름 없는 산에서 구봉산을 유명하게 만든 일등공신, 구름정이 있는 4봉에서 5봉으로 연결된 구봉산 구름다리다.

2015년 7월 설치 당시 길이 100m로 그때는 우리나라 최장의 구름다리였지만 거의 해마다 경쟁이라도 하듯 더 길고 더 새롭게 만들어지고 있으니 차라리 최장이라는 타이틀을 내려놓으니 마음 편하게 되었다.

그 새로운 최장들 역시 다가올 또 다른 이들에게 내어 줄테니 말이다. 사는 게 다 그렇긴 하지만 말이다.

감악산이며 소금산, 거창의 우두산까지 더 길고 더 새로운 산악현수교들이 생겨나 이슈를 뿌리니 한편으로는 새로운 풍경이 되고 접근이 용이해지는 장점들이 있지만 산악현수교가 지나친 관광산업이 되지 않았나 싶은 아쉬움이 뒤따르는 것도 어쩔 수가 없다. 위험하거나 그 산에 꼭 필요해 설치가 되는 것이야 좋지만 이러다 온 산에 다 출렁다리, 구름다리, 흔들다리가 생겨나는 건 아닌지 조금은 우려스러운 부분도 생기게 된다. 무엇이 옳다 그르다 할 수 없는 뭐 그런 거다.

산행의 불편함이나 위험지대가 아닌 단순한 관광객 유치 차원의 출렁다리에 비한다면 여기 구봉산 구름다리는 그 필연성이 충분하지 않을까 싶다.

아홉 봉우리의 아찔한 기암절벽들로 볼거리 많은 구봉산이었음에도 사실 구름다리가 생기기 전엔 지금처럼 주목을 받진 못했었다. 여전히 산악현수교가 생긴 타 산지들만큼 크게 유명세를 타는 것도 아니지만 이젠 철이 되면 생각나고 이름이 떠올려지는 한 명산이 되었다.

전라북도에는 일찍이 산중 구름다리가 만들어져 관광 명소가 된 곳이 있으니 바로 대둔산이다.

요즘이야 한 해가 멀다하고 구름다리(출렁다리) 소식이 들려오지만 진정 최초다운 최초는 1975년 우리나라에서 보도 듣도 못한 산중 구름다리가 세워진 것이다.

대둔산은 전북 완주군에 가장 많은 면적을 두고, 충남 금산군, 논산시에 걸쳐 있는 산으로 전북과 충남 두 곳 모두에서 도립공원으로 지정하였을 만큼 일찍이 명산임을 입증했다.

개척탑이 상징처럼 서 있는 정상 마천대(878m)를 비롯해 '호남의 금강, 작은 설악산이라 칭할 만큼 바위 봉우리들의 장쾌함과 그 속에 피어나는 소나무와 단풍, 눈 덮인 바위산은 소담스런 수석이자 한 폭의 동양화에 비유되곤 한다. 전북 완주 쪽은 기암절벽이 가히 절경이고, 충남 쪽은 숲과 계곡이 좋다. 대둔산은 바위산이다 보니 가파르고 돌계단도 많아 오르기 그리 쉬운 산만은 아니다.

1990년 케이블카 운행도 시작되었으니 어쩌면 대둔산 케이블카와 구름다리는 획기적인 아이템이었는지도 모른다.

대둔산 구름다리는 1975년 1세대를 거쳐 1985년 2세대 현수교로 재설치한 뒤, 2021년 7월 안전시설과 편의시설을 재정비하여 3세대 구름다리로 변신을 하였다.

입석대와 임금바위를 잇는 대둔산 금강구름다리.▲

대둔산은 어쩌면 구름다리보다 이 삼선계단이 최강의 아찔함이 아닐까 싶다.▲

 삼선계단과 삼선암, 그리고 주변으로 병풍을 두른 수직 기암과 파란하늘. 이 한 장으로도 대둔산이 어떤 산임을 짐작할 수 있게 된다.

고려 말 한 재상이 세 딸을 데리고 나라가 망함을 한탄하여 이곳에서 평생을 보냈는데 재상의 딸들이 선인으로 변하여 바위가 되었다 한다. 그 바위 형태가 삼선인이 능선 아래를 지켜보는 모습과 같아 삼선바위라 이름하였다는 전설이 내려온다.

나라 잃은 한과 이 절경들이 합쳐지니 어찌 선인이 되지 않았겠는가. 그 옛날 태곳적 대둔산은 또 얼마나 아름다웠을지 상상을 해 보게 된다.

삼선계단은 127개의 계단과 50도가 넘는 경사를 이루니 그 아찔함과 가슴 두근거림은 어느 놀이기구에 비할 게 안 된다. 이곳에 서면 늘 고민을 하게 된다. 오늘은 그냥 우회해서 갈까…

안내문에는 임산부, 노약자, 음주자는 위험하다 쓰여 있다.

임산부도 노약자도 음주자도 아닌 지는 꼭 올라야 한답니까.

가슴은 콩닥거리고 다리 후들거리는 사람은요~ ^^

삼선계단을 경험해 보지 않고는 대둔산을 논하지 말지어다. 🍀

'대둔'이란 명칭이 '인적이 드문 벽산 두메산 골의 험준하고 큰 산봉우리'를 뜻하는 것처럼 대둔산에는 마천대, 칠성봉, 장군봉, 낙조대 등 기암단애를 이룬 아름다운 풍경이 너무나 많다.

완주군 운주면에서 대둔산 가는 버스와 대전에서 34번 버스가 대둔산휴게소(배티재)까지 운행 중이다. 요즘은 전북 완주와 충남 금산의 경계인 배티재에서 산행을 시작하는 경우도 많이 있다.

배티재에서 낙조산장과 낙조대 방향으로 산길을 걷거나, 완주군 대둔산도립공원 입구까지 도로 따라 10여 분 내려와 산행을 시작해도 된다.
대둔산은 등산문화가 자리 잡기 전부터 이미 사시사철 전국의 관광객들로부터 많은 사랑을 받아 온 반면 잠들어 있던 구봉산은 이제야 조금씩 날개를 펴기 시작했다.

구봉산, 너도 대둔산 못지않다. 끝없이 계단 따라 올라야 하는 7봉도 직접 마주하면 웅장함이 돋보인다. 매끈하지 않은 투박함도 구봉산의 매력이다.
구봉산은 엄마 거북이가 새끼 8마리를 산에 데리고 오르다가 바위가 되었다는 전설이 있고, 구봉산은 연꽃산이라고도 불렸다는데 정상인 천왕봉을 제외한 8개의 봉우리가 막 피어난 연꽃을 닮았다고 해 붙여진 이름이라 한다.

일대엔 용담댐과 운일암, 반일암, 운장산자연휴양림의 갈거계곡 등 볼거리가 풍부하고 구봉산 남동쪽에 있는 천황사와 보호수로 지정된 전나무도 유명하다.

아래로는 협곡이 깊어 아찔하게 느껴지는 7봉과 8봉 사이의 목교를 지나게 된다.
목교를 건너면서 해를 등지니 파란하늘이 드러나고 7봉에 솟은 소나무 하나도 작품인 양 늠름하기만 하다.
아래로는 새로운 그림자 계단도 내셨네. 그렇다고 정말 저 계단 따라 내려가면 큰일나요. 늦은 오후, 그림자가 길다.
구름다리를 건널 때도 좋지만 나는 이 목교와 7봉 8봉이 가장 아름답게 느껴졌다. 햇살의 영향도 한몫을 했을 것이다.

구름다리며 데크가 생기기 전의 이 길을 상상해 보시라.

　산정에 올라 바라보는 끝없는 조망이면 조망, 암석들의 향연에 눈이 즐거움에도 힘겹게 암봉을 네발로 기고, 밧줄을 타고 오르락내리락 하였으니 험한 산이라 치부해 버렸을지도 모른다.

　산이라고는 전혀 관심이 없던 시절, 계획도 없이 어쩌다 샌들 신고 오른 이곳이 구봉산이란 것은 한심한 얘기지만 내가 산행에 관심을 갖고 나서야 알게 되었다.

지금처럼 시설이라곤 찾아볼 수 없었으니 완전한 야생의 구봉산을 접할 수 있었던 건 살면서 나의 행운이기도 했지만 그때 그것을 느꼈을 리 만무한 얘기였다.

　이 험한 산을 왜 오르는지 모르겠다고 투덜거린 기억밖에 남지 않았지만 오늘날 내가 산에 있게 된 첫 걸음이 되었을 것이다.

나에게 오롯이 산길 걷는 즐거움과 여유로움을 알게 해 준 오래전 시간들을 더듬어 가며 눈부신 구봉산을 걷는다.

어느 봉우리 하나 미흡하지 않다. 8봉까지 넘어와서 보면 구름다리가 있는 5봉과 4봉을 위시로 좌우 암봉들의 도열이 용담댐과 주변 산군들과 어우러지니 더 이상의 찬사도 필요치 않다. 쉬어가는 곳곳 풍경에 빠져드니 시간 가는 줄을 모른다.

저 기암들에 박힐 겨울 설산이야 오죽 아름답겠는가.

돈내미재를 지나고 협곡 아래를 지날 땐 얼음골처럼 바위 곳곳에서 찬바람이 나오고 조금은 습하면서도 음침한 기운이 1~8봉과는 전혀 다른 분위기를 자아낸다. 계단이 생기기 전의 길도 어렴풋 남아 있다.

끝없는 계단을 오르고 하늘이 보이는 그곳에 서면 정상이겠지 하지만 아니다.

다 왔나 싶은 순간 그때서야 건너편에 9봉인 천왕봉이 버티고 서 있으니 에구구… 희망고문이 따로 없다.

전북 진안군 주천면 소재의 구봉산 정상(1002m)에는 큼지막한 정상석과 안내도 하나가 설치되어 있다.

천왕봉이란 이름을 가진 전국의 많은 산들이 그러하듯 이곳 역시나 몇몇 지도에는 천황봉으로 표기되어 있고 정상석엔 천왕봉으로 새겨져 있으니 여전히 천황봉이라 하는 사람도 천왕봉이라 하는 사람들도 있다.

일제의 잔재라 하여 천황을 천왕으로 바꾼 지명들이 많은 이유다.

이산저산 왜 봉우리 이름들이 비슷해야 하는 것인지 좀 색다르면서 특색에 맞는 것은 없는 건지 봉우리 이름들의 아쉬움이다. 구봉산 천왕봉은 장군봉이라는 또 다른 이름도 가지고 있다.

구봉산은 운장산과 이어진 줄기로, 아홉 개의 빼어난 바위 봉우리로 이루어져 있고 하산 길 곳곳도 절벽 조망처들이 있어 천왕봉과 나머지 봉우리들을 한꺼번에 담아볼 수가 있다. 그러나 늦은 오후, 빛은 강하고 그림자가 깊어 사진은 좋지 못한 시간이다.

구봉산주차장으로 내려서는 하산 길엔 미끈한 소나무를 비롯해 참나무 종류가 많이 보인다. 단풍나무는 보이지 않지만 미끄러운 낙엽 길도 잊게 할 만큼 곳곳에 가을빛이 곱다.

다 사그라지는 11월 중순에 아직도 존재를 부각시키니 대견스러운 일이다. **은꿩의다리(미나리아재비과 꿩의다리속) 열매다.**◀

붉은 속살을 드러낸 노박덩굴(노박덩굴과 노박덩굴속) 열매도 주렁주렁 많이도 달렸다.▼

귀찮은 존재로 느꼈던 꼭두서니(꼭두서니과 꼭두서니속) 열매도 이리 아름다웠구나.▲

거의 다 내려서니 옹기종기 모여 있는 구봉의 모습과 어스름 깔리는 늦가을 전경이 괜한 향수를 자아낸다. 왠지 저녁밥 짓는 냄새가 날 것만 같다.

이 분위기를 그냥 두고 가기 아쉬워 셀카를 날리고 있는데 다리 짧은 웰시 코기 한 마리가 어디서 왔는지 카메라 한번 보고 나를 한번 쳐다보고 고개를 갸우뚱거린다. 카메라에서 10초 울리는 소리와 내가 그 앞에 가서 뻘짓하고 서 있는 모양새가 신기하게 보였나 보다.

그 모습이 너무 귀여워서 "너도 저기 가서 서 볼래~"

"아니, 거기 서면 뒤에 풍경이 안 나오잖아. 이쪽으로." 했더니 정말 말귀를 알아들은 것처럼 그 자리에 가서 가만히 앉는다.
내가 여러 장을 찍을 때까지 그 자리 그대로 있다가 "이젠 나 간다." 하니까 자리에서 일어나 유유히 사라져 버렸다.
전국을 다니다보면 사나운 견공들을 많이 만나게 되니 이렇게 순하고 말귀 알아듣는 강아지를 보면 기특하기 짝이 없다.

너 참 영특하구나. 절로 흐뭇한 미소가 번지는 아이였다.

이 시기엔 길거리 어느 골목이라도 아름답지 않은 곳이 없다.

주차장도 주변 상가도 조용해졌다. 오후 5시가 넘은 시간, 11월 동절기엔 이미 늦은 시간이다.

아홉 봉우리의 기암을 두루 돌아보며 걷는 길, 자신도 모르게 쌓였던 그 시초들이 있어 오늘날이 되었듯 20년 전 이 길에 있던 나와 지금의 나를 돌아보며 걷는 충만한 시간이 되어 주었다.

협곡의 아찔함이 이젠 절경이 되어 돌아온 진안 구봉산이었다.

대슬랩의 맛, 기암 절경에 빠지다

1. 상주 성주봉의 대슬랩

경북 상주시 은척면에 위치한 성주봉(606.6m)은 남산 줄기의 한 봉우리지만 정작 주봉인 남산보다 더 많이 알려져 있고 성주봉이 주봉 같은 역할을 하고 있다.
남산(822m)보다 해발은 낮지만 조망이 좋고, 노송과 바위들이 즐비해 볼거리가 많은 데다 남산은 갔던 길을 다시 되돌아 나와야 해서 상대적으로 많이 찾지는 않는다.

성주봉은 조자룡과 깊은 연관이 있는 산이다.
상주에는 조자룡이 태어나고 수련을 하였다는 산이 둘 있는데 칠봉산과 여기 성주봉이다. 조자룡이 칠봉산의 굴에서 태어나 산 아래 용추계곡에서 황금빛 용마를 얻어 타고 이곳 성주봉을 넘나들며 무예를 연마했다는 전설과 장소들이 곳

곳에 남아 있다.

성주봉까지 산행거리는 짧지만 암벽을 타고 오르는 짜릿함과 스릴을 맛볼 수 있어 릿지산행을 좋아하는 분이라면 더욱이나 마음이 끌릴 만한 곳이다.

주 들날머리는 성주봉휴양림 또는 휴양림 내 성주봉한방사우나로 잡으면 된다. 대중교통도 나쁘지 않다. 상주터미널에서 300, 311, 312. 320번 버스를 타면 휴양림 내 상주한방산업단지 정류장까지 가니 한결 수월하게 산행을 시작할 수 있다.

한방산업단지는 산청 동의보감촌을 연상하게 하지만 동의보감촌처럼 많이 활성화되지는 못한 느낌이다. 상주시에서 직영으로 운영한다는 성주봉한방사우나는 처음엔 24시였다가 코로나와 운영난, 내진보강공사 등으로 중단되었다가 2022년 6월부터 다시 24시 운영이 재개되었다.

한방사우나 옆으로 2019년 6월에 개장한 상주목재문화체험장도 있다. 미리 체험 신청을 하면 강의도 들을 수 있고, 나무 블록이며 목재 장난감도 만들어 볼 수 있다고 한다. 키즈 카페처럼 꾸며 놓은 놀이방들도 있어 아이들에겐 나무에 대한 올바른 이해와 자연 체험장으로도 좋고, 우리 실생활에 필요한 목공예나 목재에 대한 다양한 프로그램도 경험해 볼 수 있다. 나무에 관심 있는 사람들은 한 번쯤 들러 볼 만하겠다.

산으로 향하는 야영장 옆으로는 계곡이 흐르고, 평상에는 텐트를 치는 사람들과 간간이 휴양객들을 만날 수 있다.

계곡물을 이용한 물놀이 시설도 있고, 계곡 좋은 곳에 위치해 여름 휴양지로도 인기가 좋다. 물놀이장은 한동안 코로나 영향으로 문을 닫은 상태로 조금은 침체된 분위기였는데 이젠 좀 활기를 되찾을 듯하다.

초반엔 걷기 좋은 숲이 이어지다가 주의하라는 안내판과 함께 바로 큰 바위가 보이기 시작한다. 암벽로 폐쇄라는 안내문이 걸려 있기도 하지만, 우회등산로가 있어서인지 따로 통제하는 것은 없다. 성주봉에서 암벽을 접하지 못한다면 큰 매력이 사라지는 것이기도 하기 때문이다.

암벽로가 시작되면서 건너편으로 바로 가까이 보이는 산은 여기 성주봉 유래에 대해서도 공통점을 가지고 있는 칠봉산이다.

칠봉산과 성주봉을 연계 산행하는 사람들도 있을 만큼 바로 이웃해 있는 산이고, 조자룡이 칠봉산에서 용마를 타고 이곳 성주봉을 넘나들며 수련을 하였다 한다.

　중국의 조자룡이 어떻게 상주 땅에서 태어났는지 무슨 연관이 있는지 자세한 이야기는 전해지지 않으니 의아함이 있지만 어디까지나 전설은 전설로 받아들이면 되겠다. 칠봉산에는 조자룡이 태어났다는 조자동굴과 조자룡이 용마를 얻어 무예 연마를 했다는 용추계곡도 있다. 칠봉산은 7개 봉우리로 되어 있어 붙여진 이름이다.

　중국 삼국시대 조자룡(조운)이 이곳에서 샘물을 마시며 무예를 연마한 뒤, 용마를 타고 중국으로 날아가 명성을 얻었다는 '바위속샘물'이다.
그 전설보다는 지붕처럼 덮인 큰 바위가 아주 인상적이다.
기울어 아래로 쏟아질 것 같은 바위 모양은 독특하면서도 조형미까지 느껴진다. 조자룡이라는 인물 때문이었는지 북청사자탈 같다는 생각도 들었다.

KBS 〈VJ 특공대〉에 방영되었다는 안내문도 세워져 있다.

　단순히 쉽게 퍼서 마실 수 있는 그런 샘물이 아니다.
사다리 위 저 좁은 틈새 안으로 깊숙이 샘이 고여 있지만 고개를 넣기는 어려웠다.
좁은 구멍은 들어갈 땐 쉬워도 나오기는 힘든 법. 겁이 나서 감히 물을 떠 마실 생각은 하지 못하고 간신히 사진 한 장만 남긴다.
　이 샘물은 신비하여 물을 마시고 기도를 하면 아들을 낳고, 소원성취도 한다 하니 위까지 차올라 있을 때라면 그때라면 한번 시도해 볼 만하지 않을까 싶기도 하다.

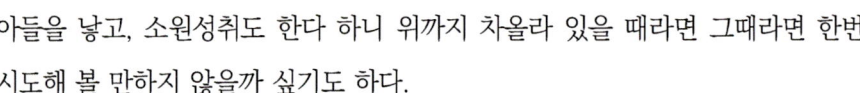

여기 성주봉의 슬랩은 아래쪽 밧줄이 설치되어 있지 않은 암벽까지 합친다면 총 3단으로 이루어졌지만 보통 밧줄이 설치된 곳부터 2단의 암벽이라 말하고 있다.

맨 아랫단에도 원래는 밧줄이 있었지만 너무 급경사라 제거한 것이라 한다. 밧줄이 설치된 곳부터 본격적으로 암벽을 타고 오를 수 있다. 물론 우회할 수 있는 등로도 있으니 밧줄타기가 힘드신 분이라면 흙길 우회로를 이용하면 된다.

미끄러운 바위가 아닌 데다 밧줄만 잘 잡는다면 그닥 위험하지도 않아 오히려 오르막 흙길을 걷는 것보다 덜 힘들게 느껴진다.

물론 어느 산이나 그렇지만 '조심하고 주의한다면'이라는 단서가 붙는다.

바위 폭이 넓어 로프는 총 3개, 이곳의 슬랩은 1~2단계 합쳐 총 200m쯤. 생각보다 큰 암벽이고 밧줄 산행을 즐기기에 위험하지도 그렇다고 힘들 정도도 아니어서 재미난 경험이 될 수 있는 곳이다.

밧줄 타고 올라가는 사람이 잡혀야 이곳의 규모와 생동감이 느껴질 텐데 사진만으로는 어느 정도의 기울기인지 크기인지 전혀 감이 오지 않는다. 기분상 기울기는 60도 정도로 느껴졌다.

작은 돌멩이 하나가 데구르르 굴러 아래로 떨어지는 소리가 들린다.

거의 올라와 숨을 고르고 뒤를 돌아보면 그제야 아찔함이 전해진다.

계속 급경사만 있는 것이 아니라 중간중간 쉴 수 있는 완만한 지대가 있어 무섭거나 어렵다고는 느껴지지 않는다. 결론은 바위 무서워하는 일반 등산객도 즐길 수 있는 대슬랩이라는 것이다. 호기를 부려본다면 밧줄 없이도 올라갈 수도 있겠지만, 그런 객기는 NO. 뭐니뭐니 해도 안전이 최고.

아~ 올라와서 보니 배낭에 꽂혀 있어야 할 스틱이 보이지 않는다.
짐 정리한다고 암벽 입구에서 풀어 놓았다가 잊어버리고 온 것이다.
아래까지 다시 내려갔다 올라오느라 단단히 유격을 받는 느낌이다.
뜨거운 날씨에 얼굴은 금세 익어 버리지만 그럼에도 모처럼 이 재미난 밧줄타기에 더운 줄도 잊었다. 성주봉 오름길은 전문가가 아니어도 오를 수 있는 말 그대로 천연의 암벽장이다.
상주 성주봉과 이름이 같은 문경 성주봉도 대슬랩지로 가 볼 만하다.

대슬랩 암벽을 넘어서도 가는 길엔 독특하고 볼 만한 바위들이 즐비하다.
낙타 등 같은 바위, 고개를 떨군 한 소심한 생명체 같은 바위, 고인돌인듯 마치 전통과자나 눈깔사탕을 닮은 듯한 바위, 작은 고인돌이라 부르는 바위, 토굴 같은 바위, 일부러 단을 쌓아 평상을 만들어 놓은 듯한 바위 등등…

두툼한 눈두덩을 지긋이 감고서 한숨 주무시나.
만화속의 요술 할머니가 옆으로 누워 있는 모습을 한 바위다.▲

성주봉에는 고인돌을 닮았다 느낀 바위를 총 세 번 만나는데 정식으로 이름을 불러 주는 아이는 이 고인돌바위다.▲

옆모습은 상주 백악산의 고래바위를 닮았다고도 생각했다. 물론 백악산의 바위들이 훨 정교하고 디테일이 살아 있기는 하다.

백악산은 속리산을 가까이 조망할 수 있고 바위 볼거리가 많은 산지다. 암릉산행지를 좋아하시는 분이라면 백악산에 한번 다녀와도 좋겠다.

얼굴이 두툼하면서도 길다란 고릴라바위다.
고릴라보다는 개코원숭이 얼굴상 같다 느껴졌다.◀

큰 바위에 작은 바위가 올려져 있는 눈사람바위다. 딱히 꼭 눈사람을 닮았다기보다는 사람들이 붙여 준 이름이 굳어진 것이다.▼

성주봉은 조망 좋고 소나무 좋은 평평한 바위 위에 정상석이 세워졌다.

'성주'란 덕이 많고 어진 임금을 뜻하는 말이어서인지 이곳에 서면 마치 어진 임금이 천하를 다스리는 듯한 편안한 느낌으로도 전해진다.

성주봉을 지나면 짧게 바로 하산하는 1하산 길부터 5하산 길까지 선택의 폭이 넓지만 다양한 바위들을 접하며 한 바퀴를 돌아 보는 코스로 4하산 길을 택하는 사람들이 많다. 놀며 걸으며 4하산 길에서 휴양림으로 원점회귀해도 8km, 4시간이면 충분한 거리다.

아직 성주봉은 대중적으로 널리 알려진 산은 아니지만 암벽을 타고 오를 수 있는 대표적인 대슬랩 산지로 성주봉휴양림이 있어 지역민뿐 아니라 알음알음 찾는 이들도 늘어나고 있다.

휴양림으로 원점 회귀할 수 있어 자차를 가져와도 불편함이 없는 장점도 가지고 있다. 성주봉휴양림(한방산업단지) 힐링센터에는 숲해설가들이 계셔서 꽃과 나무, 약재도 관리하고 베스트 산책로와 등산로도 소개해 주고 있단다.

소나무분재원 코스와 약초동산, 메타세쿼이아 산책길도 여유롭게 걸어 보기 좋다.

어린아이나 노약자도 무난히 걸을 수 있는 잘 다듬어진 너른 임도길이 있어 좋고, 황톳길 맨발체험교실도 운영하고 나무로 만들어 놓은 트리하우스와 아이들이 좋아할 만한 방방이도 갖추고 있다. 규모도 작지 않고, 시설들도 깨끗해 보이지만 한산한 느낌이다. 여기 한방산업단지에도 훈풍이 불어오길 바라 본다.

일일이 다 소개할 순 없지만 성주봉 조망도 훌륭해 잠시 멈춰 주변을 둘러보는 맛도 좋다. 특히나 주변 산군들에 관심 있는 사람이라면 더욱 그러할 것이다.

아래로는 문경시와 상주시 함창 읍내가 내려다보이고 일대의 백두대간이며 유명 산지들을 두루 접할 수 있다.

바위산의 진면목 희양산과 구왕봉은 기본이요, 언제 어디서나 반가운 속리산, 악휘봉, 청화산, 조항산, 주흘산, 도장산과 백악산, 뇌정산, 영동 상주의 백화산, 가야산, 팔공산, 소백산, 의성 비봉산, 상주 갑장산 등등 가다 쉬다 조망 좋은 바위에 걸터앉아 바라보기 그만인 풍경들이 끝없이 이어진다. 넓게 펼쳐지는 은척면 푸른 들녘도 기분 좋은 풍경이다.

요즘에야 조금 덜하지만 나는 상주와 성주가 늘 헷갈려 확인, 또 확인하는 작업을 거치곤 했었다.

가야산이 있는 곳은 성주 쪽, 속리산 옆은 상주. 그런 식으로 이해해 보려 했지만 그때뿐, 언제나 원점에서 다시금 시작해야 했다. 둘 다 경북이다 보니 더욱 헷갈렸던 모양이다. 많이 밟아 보고 많이 경험해 보는 것보다 좋은 스승은 없었다.

수없이 떠나고, 길을 헤매고, 방황하고 나서야 그제야 눈에 보이기 시작했으니 이만치라도 알 수 있게 된 것도 큰 수확이 된 것이다.

여전히 경북은 모르는 것도 많고 가 봐야 할 곳 많은 대표적인 지역이니 이 또한 기분 좋은 숙제가 되었다.

유명한 산도 아니고, 딱히 화려하거나 넓은 등로를 가지고 있는 것도 아니지만 오히려 이런 정취가 좋다.

　　바위와 소나무가 있는 이런 길이라면 딱히 또 부족한 것도 없다.

~6월 20일경 성주봉에는 그저 소박하게 어느 산에서나 볼 수 있는 쇠물푸레나무, 조록싸리, 싸리, 노루오줌, 개옻나무, 병꽃나무, 바위채송화, 단풍취, 산수국, 털중나리 등을 볼 수 있었다. 몇 장만 실어 본다.

잎이 단풍 모양을 하고 있는 단풍취(국화과 단풍취속)다.◀
여름이 무르익으면 꽃대가 올라올 것이다. 나에겐 더덕이나 산삼도 그저 사진으로 남기는 게 전부인지라 단풍취 역시 그냥 지나치지만 일부러 채취해 먹는 사람들도 있을 만큼 나물이나 쌈으로도 좋단다.

꽃 보기 힘든 날, 쉽게 만날 수 있는 바위채송화(돌나물과 돌나물속)가 이리도 귀한 거였다. 바위 많은 산지니 딱 제자리를 찾은 것이다.◀

산달래(백합과 달래속) 아닌가.◀
　산행 중에 주아를 달고 있는 모습을 본 것은 세 손가락에 들 만큼 반가움이 크다. 참나리처럼 주아(구슬눈, 살눈)를 가지고 있는 산달래다.

　갑자기 숲이 다 환해졌다. 다른 꽃 열을 합한 것보다 더 큰 화사함으로 다가온다. 나리 종류 중에 그래도 쉽게 만날 수 있는 털중나리(백합과 백합속)다. 땅을 보면 땅나리, 위를 보면 하늘나리, 그 중간쯤을 본다 하여 중나리. 줄기나 잎에 털이 있어 털중나리다. 가늘고 작은 잎들은 어긋난다.
　야생화 많은 산지에서는 흔하고 흔한 털중나리라 귀한줄 모르다가 꽃을 찾아보기 힘든 오늘 같은 날, 천연의 고운 색에 매료된다.
뭐든 귀함이란 희소성에서 온다는 진리를 오늘도 깨달으면서~▼

아유~ 깨끗도 하다.

이 아이를 보면 마치 깔끔한 흰 와이셔츠의 단추가 떠오르곤 한다.

산수국(수국과 수국속)이다.

바깥의 꽃잎처럼 보이는 것은 무성화(장식화. 헛꽃)로 벌과 나비를 유인하는 무성화일 뿐이고 그 안쪽으로 자잘자잘한 것이 양성화다.

무성화 가장자리에 거치(톱니)가 있는 것을 꽃산수국, 무성화에 암수술이 올라오는 것을 탐라산수국으로 구별하는데 그저 종내 변이로 보기도 한다.

이 사진은 무성화(장식화) 가운데 암수술이 올라오는 게 보인다.

그 기준대로라면 탐라산수국이라 할 수 있겠지만 굳이 구별할 필요가 있을까 싶기도 하다.▲

산 초입에서 만난 자주달개비(닭의장풀과 자주달개비속)다. 주로 민가나 원예용으로 많이 심는 편이다.▶

식물을 통해 환경의 상태를 측정하고 알아보는 것을 지표식물이라 하는데 자주달개비는 방사능량을 검사하는 대표적인 지표식물이다.

자주달개비를 원자력발전소 주변에 심어 두면 방사능 오염 여부를 쉽게 알아볼 수 있다는데 일정량 이상의 방사능이 노출되면 꽃잎이나 수술이 분홍색으로 변한다고 한다. 이 어여쁘고 자그마한 아이들도 요렇게 기특한 일을 하고 있는데 하물며 덩치 산만 한 인간이 이리 헤매고 앉았어야 쓰겠는가.

한가로운 6월의 숲엔 대슬랩의 스릴과 갖가지 바위들, 소나무길에 취해 걸을 수 있는 이곳만의 낭만이 있다.

도심의 붐빔을 떠나 언젠가 다시 찾고 싶은 조망 좋고 바위 좋은 성주봉이었다.

상주시에서는 산(Mountain), 강(River), 들(Field)을 뜻하는 'MRF 이야기길' 13개 코스를 조성했는데 그 중 낙동강을 끼고 걸을 수 있는 나각산도 있다. 상주엔 백두대간을 포함해 크고 좋은 산들도 많지만 해발 240m의 자그마한 산에 출렁다리가 세워져 있고 낙동강을 가까이 조망하며 걷는 나각산도 가 볼 만 하다.

2. 서산 팔봉산의 아기자기 암봉 이야기

충남 서산시 팔봉면 양길리와 어송리, 금학리에 걸쳐서 팔봉면 중앙에 솟은 팔봉산(362m)은 마치 여덟 봉우리가 병풍처럼 둘러쳐져 있어 붙여진 이름이다.

원래는 아홉 봉우리인데 제일 작은 봉우리를 제외하고 팔봉산이라 불리웠다 한다. 제외된 봉우리가 매년 12월이면 서러워 울었다는 얘기와 함께 그 봉우리가 태안으로 넘어가 백화산이 되었다는 전설까지 내려온다. 태안의 백화산(284m)은 태안 동문리 마애삼존불입상(국보)과 백화산성이 있고 올망졸망한 기암들을 품고 있는 태안 제1경이다. 서산에 팔봉산이 있다면 태안에는 태안반도 한복판에 자리 잡은 백화산을 내세울 만큼 아담하지만 볼거리 많고 야무진 산이다.

하늘과 바다 사이 여덟 봉우리라는 팔봉산의 해발은 362m로 높지 않지만 기이하고 아기자기한 바위와 암봉, 거기에 서해와 가로림만 일대가 내려다보이는 절경을 마주하니 코스는 짧아도 사시사철 등산객 끊이지 않는 명산이다.

또한 아래 양길리에서 어송리로 임도길이 잘 이어져 있어 어느 곳으로 오르더라도 임도 따라 원점 회귀가 가능한 것도 큰 장점이다.

산행코스는 보통 양길리 팔봉산주차장에서 시작해 1봉~2봉~3봉~4봉~5봉

~6봉~7봉~8봉~어송리로 마무리하는 게 가장 일반적이고 반대로 돌아도 된다.

  약 7km의 거리로, 놀며 사진 찍으며 천천히 걸어도 3시간이면 충분하니 몸에 무리가 되지 않아 좋은 산지기도 하다.

서산에서 양길리 팔봉산 종점으로 가는 버스는 10시 10분, 13시 30분으로 오전과 오후에 각각 한 대씩 운행 중이다.

양길리 팔봉산관광안내소가 있는 주차장에서 아라메길 등산로로 접어들면 되는데 안내 이정표가 곳곳에 잘 설치되어 있어 길 찾기가 어렵지 않다.

  서산 팔봉산은 아주 조그마한 정상석들이 8봉까지 세워져 있는데 홍천의 팔봉산과도 닮아 있다. 1봉이다. 1봉석 위로는 마치 유전자 조작으로 만들어져 코끼리와 하마, 돼지와 소 등이 섞인 듯한 동물 형상의 바위들이 쌓여져 있다. 우리가 다 알지 못하는 미지의 오만 형상들이 다 모인 것 같은 모습을 하고 있다.

1봉의 좁다란 바위 구멍 사이를 통해 뒤로 넘어가 보면 인상적인 바위들이 많다. 뽀샤시 누군가의 엉덩이 같고, 하트 같은 바위부터 능청스럽게 눈을 감고 있는 이 아이 표정이 또한 압권이다.
만화속의 한 장면처럼 익살스럽고 장난기 가득한 표정이 그대로 살아났다.

뒤로 펼쳐지는 가로림만과 서해 풍경도 육지 사람의 가슴을 두근거리게 만든다. 물이 빠지는 듯 갯벌을 드러내는 모습도 익어가는 들녘과 어우러져 서해만이 주는 포근함을 전한다.

이 바위는 야구 글러브 같지만 또 다른 시선으로 보면 마치 줄지어 이를 잡는 원숭이들이 떠오르기도 한다. 아래로는 들머리였던 양길리다. 주말엔 사람들이 꽤나 붐빌 텐데 평일이라 주차장도 텅텅 비었다. 한가한 평일에만 느낄 수 있는 여유다.▲

2봉과 정상인 3봉이다.▶
실질적으로 2봉 3봉이 가장 볼거리가 많으니 1봉에서 3봉까지 집중적으로 즐겨 보는 게 좋다. 4봉부터는 그닥 조망이나 암봉이 돋보이지 않으니 말이다.

참으로 그 표정이 익살스럽고 리얼하지 않은가. 우럭바위다.

용왕이 보낸 우럭이 팔봉산 경치에 반해 돌아갈 날을 잊고 바위가 되었다는 이야기가 전해 내려온다. 우럭 앞으로 사람주나무(대극과 사람주나무속) 열매 하나가 쟤를 약 올리고 있는 것만 같다. 따 먹으려 애쓰는 것인지, 붉은 잎에 반해 냄새라도 맡아 보려는 것인지 여튼 시시각각 다르게 보이는 저들의 신경전에 웃음이 난다.▲

이것은 고향에 돌아가고파 눈물을 글썽이는 거북바위란다. 넓은 바위 쪽이 등짝 같아 보이긴 한다. ◀

2봉 오르다 뒤돌아보면 1봉과 변해 가는 황금 들녘과 서해의 풍경에는 첩첩산중 해발 높은 산에서는 느끼지 못하는 평안하고 차분한 맛이 있다.
겹겹으로 덮인 험한 산이 아닌 그저 평탄함이 감돌아 좋은 것이다.

겨우 210m인 1봉인데도 주변에 높은 산이 없으니 이렇게 우뚝 돋보인다.

1봉을 높은 벼슬에 오른 대감의 감투 또는 노적을 쌓아 올린 모양과 같다하여 감투봉(노적봉)이라 부르기도 하는데, 소원을 빌면 부귀영화를 얻는다는 전설이 전해져 온단다. 비나이다. 비나이다. 부귀까지는 아니더라도 적당히 얻게 해 주소서~ ☺

2봉에 거의 다다르자 이런저런 형태의 바위들이 가득하다.
어느 사찰의 부도함 같은 바위도 있고 어느 고대 유적지에 새겨져 있을 법한 독특한 동물 형상들도 보인다.

팔봉산 2봉 코끼리바위다.▲

정면에서 보면 우측의 코끼리바위는 마치 해마를 닮았고 신전의 기둥들이 세워진 듯도 하다.

옆으로 돌아와서 보면 기다란 코를 가지고 있어 코끼리바위라는 이름이 붙여졌다는 걸 알 수 있다. 아래쪽으로 이어진 코가 없다면 만화속의 귀여운 아기 곰을 닮

앉고, 마치 가운을 걸친 곰돌이와 닮았다 하시는 분들도 있다. 뒤쪽 바위를 암컷 코끼리라 칭하기도 한다. 앞은 남자 코끼리, 뒤는 여자 코끼리를 닮아 코끼리 부부바위라고도 불리운단다.

뒤쪽에서 바라본 모습은 하늘을 향해 포효하는 바다표범이나 바다사자처럼 보인다. 코는 벌름거리고 누런 뉴트리아 이빨처럼 가운데 툭 튀어나온 모양도 인상적이다.

좌측 조그마한 얘는 사람과도 교류가 잘 되는 돌고래를 닮기도 했다.

그 앞으론 힘의 상징을 보여 주려는 듯 주먹을 쥔 손까지. 코끼리바위 하나에 이렇게 다양한 형상들을 감추고 있다.

야는 또 무엇이랴. 누군가 그려 둔 모양새에 실소가 터진다.

설마 웃는 척하며 밑의 아이를 제압하는 것은 아니겠지. 해태, 물개, 아님 뭐 상상 속의 동물. 여튼 웃고 있으니 보는 나도 즐거워 좋다.

가끔 〈TV 동물농장〉이라는 프로그램을 보면 눈썹을 그린 강아지들이 등장하곤 하는데 문득 그 모습이 떠오르기도 한다.▲

전체적으로 거리가 짧고 나지막한 산이지만 그래도 2봉에서 3봉 오를 때가 그나마 조금 빡세다면 빡세다.

통천문 같은 바위 사이를 지나고, 간신히 숙이고 엎드려 사람 한명 지날 만큼의 굴이 나오는데 계단으로 빠져나갈 수 있게 해 두었다. 용굴이다.

이곳에 팔봉의 수호신인 용이 살았다는 전설이 내려오고, 이 용이 가뭄 때 비를 내려 풍년을 들게 해 주고 지역 주민에게 복을 주었다 한다.

우리나라에는 용 이야기 없는 곳이 없으니 그 옛날에는 거의 수호신 같은 존재였을 것이다. 홍천 팔봉산의 해산굴을 통과하는 것에 비하면 수월한 편이다.

그 뜨겁던 한 여름의 포효도 용굴의 나뭇잎들을 보니 언제인지 모르게 조금씩 가을을 향해 가고 있었다.

용굴을 빠져나오면 오묘하고도 독특한 형상의 바위들이 모두 모였다.
 힘없이 널브러져 엎드려 있는 것 같은 아이는 정확히 무엇이라 표현하긴 어렵지만 한 번쯤 봤음직한 종이인형 같기도 하고, 해안가 모래밭에서 이제 막 깨어난 바다거북 베이비 같아라. 너들도 서해 조망하러 산으로 오르고 있었더냐.
여튼 줄줄이 이어진 바위물결에 해발 높은 산 부럽지 않다.

팔봉산 정상인 3봉(361.5m)이다.
쌍봉인 3봉은 크고 작은 바위들의 집합체로 오밀조밀 팔봉산을 대표할 만하다. 초행자라면 건너편으로 보이는 또 다른 바위봉은 4봉이라 생각할 수도 있지만 3봉은 쌍봉으로 두 개의 봉우리가 가까이 솟아 있어 더욱이나 기암 경관이 좋고 3봉을 힘센 용사의 어깨를 닮았다 하여 어깨봉이라고도 부른다. 용맹과 건강을 상징한다 하니 힘들고 움츠렸던 사람들, 이 어깨봉을 바라보며 어깨도 활짝, 기운도 충만해졌으면 좋겠다.

노란 의상까지 맞춰 입으시고 참 다정도 하시다.

정상에 서서 사진 삼매경이시던 부부는 어느새 3봉 아래 너른 바위 조망처에 자릴 잡으셨다. 온통 바위밖에 보이지 않는 산에 모델이 되어 주니 나야 고마울 따름이다. 나중에 보니 저분들은 양길리로 하산해 다시 어송리 주차장으로 돌아왔다.

둘레길처럼 이어지는 길 따라 차를 세워 둔 곳으로 원점 회귀할 수 있다는 것은 산행지를 결정하는 긍정적인 포인트가 되기도 한다. 물론 뚜벅이에게는 큰 영향이 없지만 말이다.

3봉을 지나면 이제부터 조그만 봉우리 봉우리는 아주 지척에 붙어 있다. 4~8봉은 거의 육산으로 진행하게 된다.

7봉 지나고 8봉으로 가면서 뒤돌아보니 3봉까지만 암봉이라 했던 것은 잘못된 말이었다. 반대편에서 봤을 때 그저 나무에 가려져 있고, 야트막한 정상부들 조망이 막혀 그리 보일 뿐 알고 보면 저 속속들이 바위들을 감추고 있었다.

4~8봉이 크게 부각되지 않는다 하여도 바위로 이루어진 원 지형이 어디 가겠는가.

9월 말, 어느새 이 야트막한 산 능선에도 조금씩 갈빛을 띠고 있다.

8봉을 지나면 사찰이라기보다는 민가 같은 서태사로 내려서게 된다.

무엇보다 서산 팔봉산은 하산 길이 짧아 가장 마음에 든다. 8봉에서 서태사까지 0.3km쯤 될까. 내리막은 무릎에 독이 되니 원만하고 짧게 내려설 수 있는 하산 길에 마음이 가는 것이다.

물론 서태사에서 어송리 주차장까지는 포장도로를 따라 800m 정도 더 내려가야 하지만 이 정도는 아주 양호한 수준이다.

팔봉산은 금강산 장군봉과 연계하여도 된다. 서산의 야트막한 비룡산, 금강산, 물래산, 역마산, 병풍산을 한꺼번에 연계하기도 하는데 16~17km면 가능하다.

~9월 말, 서산 팔봉산에서는 가는잎왕고들빼기, 나비나물, 담배풀, 이삭여뀌, 맑은대쑥, 참회나무, 사람주나무, 팥배나무, 청가시덩굴, 이삭여뀌, 쥐꼬리망초. 광릉갈퀴. 여우오줌. 도깨비바늘 등을 만날 수 있었다.

청가시덩굴(청미래덩굴과 청미래덩굴속)이다. ▶
붉은 열매를 맺는 청미래덩굴과는 달리 청가시덩굴은 검은색으로 익는다. 청가시덩굴인데 줄기에 가시가 없으면 민청가시덩굴이다.

잎이 두 장씩 나비처럼 보인다 하여 이름 붙여진 나비나물(콩과 나비나물속)이다. **나비나물속도 복잡해 함부로 이름 불러 주기 까다로운 아이들이 너무나 많다.** ▶

도깨비바늘(국화과 도깨비바늘속)이다. 열매가 익으면 가시같은 털로 한번 붙으면 좀처럼 떨어지질 않는다. 마치 도깨비처럼 달라붙는다 하여 생겨난 이름으로 사람이나 동물 몸에 붙어 씨앗을 퍼트리는 대표적인 식물이다. **각 식물마다 자기에게 유리한 방식으로 생존을 해 나가는 것이다.**▲

여름철 들이나 길가, 야트막한 산지 어디서라도 흔하게 볼 수 있는 왕고들빼기다. 잎 가장자리가 깊게 갈라지거나 결각상 톱니가 있는 왕고들빼기와 달리 잎이 갈라지지 않고 가늘게 밋밋한 이것은 가는잎왕고들빼기(국화과 왕고들빼기속)다.▲

　팥배나무라는 이름은 열매는 팥을 닮았고, 꽃은 하얀 배나무 꽃을 닮아 붙여진 이름이다.

어느새 팥배나무(장미과 마가목속)도 붉게 익었으니 불과 며칠 전의 더위도 무색하게 되었다. 이미 가을이 시작되고 있었다.▲

야트막한 산이나 들가에서 친숙하게 접할 수 있는 쥐꼬리망초(쥐꼬리망초과 쥐꼬리망초속)다.▲

어송리 주차장에서 큰 길 따라 걷다가 바라본 팔봉산이다.

벼는 노랗게 익어 가는데 마치 봄 풍경처럼 무언가를 심는 모습도 이채롭다.

뚜벅이의 최대 장점, 그냥 무작정 걷다가 마주하는 풍경이 틀에 박히지 않아 신선하다는 점이다.

서산에 왔다면 서산시 해미면 읍내리에 위치한 해미읍성(사적)을 들러보아도 좋겠다. 해미읍성은 고려 말부터 많은 피해를 준 왜구를 효과적으로 방어하기 위하여 덕산에 있던 충청병마도절제사영을 해미로 옮기기로 하면서 1417년(태종17)부터 1421년(세종3)까지 축성한 충청도의 전군을 지휘하던 병마절도사영성이다.

1578년(선조11)에 이순신 장군이 군관으로 10개월간 근무한 적도 있고, 조선 후기 천주교 박해 때 이곳 옥사에 수감되어 있던 천주교 신자를 성안의 회화나무에 철삿줄로 머리채를 매달아 고문하였고 그 흔적이 남아 있는 회화나무도 볼 수가 있다,

2014년 8월 15일 프란치스코 교황이 이곳 해미읍성에 방문하여 제 6회 아시아 청년대회에 참가한 아시아 젊은이들에게 평화와 희망의 메세지를 전하는 폐막미사를 집전한 곳이기도 하다.

2022년 10월에는 읍성 축성 600주년을 맞아 중단되었던 '서산해미읍성축제'가 3년 만에 열렸고, 50여 개의 다양한 프로그램을 선보이며 많은 관광객과 시민들의 호응을 얻었다.

해미읍성▲

가을이 성큼 우리 곁으로 다가왔다.
스며드는 가을 공기를 느끼며 걷는 일은 그것만으로도 행복한 일이다.
그 길에 작지만 옹골찬 산, 서산 팔봉산이 함께 했다.

3. 완주 장군봉과 해골바위

완주 장군봉(기차산)은 바위산으로 산세 빼어난 곳이지만 아직 그 이름조차 생소해하시는 분들도 많다. 그래도 몇 해 전부턴 해골바위가 입소문이 나면서 알음알음 꽤나 알려진 곳이 되었다. 방탄소년단(BTS)이 완주에 다녀간 뒤 그들의 발자취 이외에도 완주라는 곳에 관심도가 높아진 이유도 있을 것이다.

2019 서머패키지와 앨범재킷 촬영을 완주에서 한 뒤 그들이 촬영으로 다녀간 완주의 오성제, 아원고택, 고산 창포마을, 위봉산성, 오스갤러리, 패러글라이딩을 한 경각산 등은 BTS 루트로 찾는 이들이 많아졌고 완주군에서는 그에 발맞춰 한국방문위와 협업을 맺어 우리나라를 방문하는 관광객 유치를 위해 방탄소년단 힐링 성지 및 완주의 새로운 관광 루트도 개발해 내놓고 있다.

그 중 가장 이색적인 등산여행지가 해골바위일 것이다.

전북 완주군 동상면과 진안군 주천면 경계에 있는 장군봉(738m)은 운장산과 직선거리로 약 6km 떨어진 가까운 거리에 위치하고 있다.

원래 이름이 장군봉이지만 오래되지 않은 이름, 기차산이라 부르기도 한다.

기차산이란 이름은 유격장에서 훈련 받는 군인들이 볼 때 쇠줄을 잡고 장군봉에 오르는 등산객들의 모습이 기차와 같이 길게 늘어서 있다 해서 부르게 되었다고도 하고, 반대로 훈련

받으며 줄줄이 오르는 군인들 모습을 보고 그리 부르게 되었다고도 한다. 이 산에 군부대가 있다는 것을 알 수 있는 부분이다.

　군부대와 암벽훈련장이 있는 산지답게 많은 군인들을 만날 수도 있다. 기차산 장군봉은 무엇보다 대슬랩의 암벽과 해골바위가 유명하다.

주로 이용하는 산행 들머리는 전북 완주군 동상면 신월리 장군봉주차장에서 구수리 구수산장을 지나면서다. 구수산장은 가벼운 지짐이나 막걸리, 맥주 한잔 할 수 있어 하산 후 산객들에게 좋은 휴식처가 되어 준다.

　운장산 피암목재 방향으로 넘지 않는다면 어차피 장군봉 한 바퀴는 원점회귀 산행이라 구수산장을 거치게 되어 있다.

코스는 마을 지나 군부대갈림길에서 먼저 장군봉 올랐다가 해골바위 거쳐 구수계곡과 구수산장으로 원점 회귀 하는 게 가장 일반적이다. (약 7~8km)

대중교통으로는 거의 불가능해 자차를 이용하거나 동상면에서 택시를 이용하는

게 좋다.

　구수산장을 지나 마을길을 들어서면 잘 정비된 초입과 싱그러운 5월이 장군봉에 대한 기대감을 높여 주기 충분하다. 마을 뒤로 우뚝 솟은 봉우리가 장군봉이다.

장군봉은 구수마을에서 바라볼 때 마치 거대한 암석들이 병풍처럼 둘러 있는 모습이 흡사 늠름한 장군을 연상시킨다 하여 붙여진 이름이다.

서쪽인 완주군 쪽에서는 우뚝 솟은 기암괴석과 깎아지른 절벽이 돋보이지만 동쪽인 진안군 쪽에서는 울창한 육산처럼 대비를 보이는 특징도 있다.

　주차장에서 천천히 45분쯤 올라서면 본격적인 바위 슬랩 지대가 시작된다. 10여 년 전, 지금의 철 난간으로 제한을 두기 전에는 자연 그대로의 암벽타기가 가능했던 곳이다.

무거운 쇠밧줄만이 이 거대 암벽에 내려져 있었으니 밧줄 대신 두 손 두 발을 이용해 바위 맛을 느끼려는 사람들의 짜릿한 곳이기도 했다.

지금이야 길을 인도하는 난간이 되어 있으니 크게 걱정할 일은 아니지만 사고는 언제나 순간에 찾아온다. 경력을 내세우지도, 장비를 과신해서도 안 되겠다.

올라가면 위험합니다
추락위험
완주군

효빈,길을 나서다~

효빈,길을 나서다~

　능선에 올라서면 들머리였던 구수리 마을과 삼정봉 능선, 계곡길 등 주변 풍광이 시원하게 펼쳐지니 5월의 산야는 더욱이나 싱그럽게 다가온다.
분재 같은 소나무와 암릉길, 이 자체만 있어도 걷는 길이 즐거운 여정이다.
간간이 피어난 연분홍 철쭉도 5월의 숲에 생동감을 더하고 있다.
하산하며 만날 수 있는 구수골 계곡은 맑고 깨끗해 봄은 물론 여름 산행지로도 손색없어 보인다.
　장군봉 오르는 내내 삼장봉 능선 너머 맨 뒤로 뾰족 올라온 봉우리 하나가 보이는데 운암산이다. 완주군 동상면 대아리에 위치한 운암산은 그 아래 대아저수지를 옆에 끼고 암릉을 즐길 수 있는 산으로 한 번쯤 가 봐도 좋을 은근 조망 좋은 산행지다. 운암산 산행이 아니더라도 대아저수지는 드라이브 코스로도 좋고, 대아호수 입구에 있는 전라북도 대아수목원을 둘러봐도 좋다.
　완주 대아리 977 동상계곡도 유명하다.

　건너편 바위 사면은 C지역 군 암벽훈련장이 있는 곳이다. 암벽 중턱으로 헬기장이 있고 그 위쯤으로 해골바위가 자리한다. 저곳에서 바라봤을 이쪽의 산객들 모습. 그래서 붙여진 이름 기차산이다. 하산은 C지역 군 훈련장 방향 계곡 따라 내려서는 게 일반적이다.

장군봉에서 보이는 가장 가까운 곳의 유명한 산이라면 단연 운장산이다.▲ 좌측이 봉우리 이름들 복잡한 운장산, 우측이 연석산이다.

운장산은 사계절 어느 때라도 조망 좋고 기암 좋은 산군으로 등산객들로부터 많은 사랑을 받는 진안의 대표적인 명산이다. 겨울 설산이 특히나 매력적인 산이다.

운장산은 연석산과 연계하기도 하고, 산중 구름다리가 생겨 더 유명해진 구봉산과 연계하기도 한다.

바로 앞에 솟은 봉우리 아래로는 전기 없는 마을, 완주군 동상면 신월리 밤목마을이 자리하는 곳이다. 완주 장군봉 밤목마을을 검색해 보면 폭염 속 전기 없는 마을에서 하루 나기, 여름 나기 같은 기사와 전북소방본부에서 수도와 전기 없는 밤목마을을 찾아 소화전함과 구급함을 설치했다는 글을 찾아볼 수 있으니 현재에도 오지산골임을 알 수 있다. 완주 동상면은 전국 8대 오지로 불렸을 만

큰 첩첩산중임은 전기 없는 마을에서도 입증을 하고, 여전히 오지 속의 공기 좋은 곳이 여기 장군봉과 동상면 일대다.

장군봉 아래로 떨어지는 수직절벽엔 기골이 장대한 장군의 기상이 전해지기도 한다.
아무리 등로가 잘 나 있고 우회한다 하여도 바위산은 언제나 경계를 늦춰선 안 된다. 지금이야 밧줄이며 난간 등이 잘 갖추어져 일반인도 오를 수 있게 됐지만 예전엔 사망 사고며 적지 않은 사고가 일어나기도 했던 곳이다.

　장군봉 마지막 오름길은 거의 직벽에 가깝지만 발받침과 밧줄이 있고 바위도 미끄럽지 않아 특별히 위험하진 않다. 예전엔 쇠줄만이 늘어져 있었으니 그 줄을 잡고 단체가 한꺼번에 줄지어 오를 때면 기차처럼 보일 수도 있었겠다 싶다. 군인들은 훈련을 받으며 바위에 오르고, 산객들은 산정을 향해 줄지어 이 암봉을 오르고. 서로가 다른 생각을 하며 바라본 풍경들이었을 것이다.
　젊은 훈련병들의 시선에 자유로운 산객들의 행렬은 조금 쓸쓸하게 다가오지 않았을까 싶다.

다정도 하여라. 딱 엄마 코끼리와 아기 코끼리가 얼굴을 맞대고 있는 것만 같다.

온갖 기암들 보는 재미가 큰 몫을 하는 장군봉 산행이다.

장군봉(738m) 정상석은 바위 위가 위험해 아래쪽 평평한 흙길에 세워졌다.

장군봉은 북으로는 대둔산, 남으로는 운장산을 연결하는 금남정맥으로 암봉과 암벽을 오르내리게 되니 바쁜 정맥꾼들에게도 잠시 쉬어 갈 수 있는 여유를 선사하게 된다.

우리 조상들은 조선시대부터 우리나라 산줄기를 1개의 대간과 1개의 정간, 13개의 정맥으로 인식해 왔다.

이중환의 『택리지』, 이익의 『성호사설』에 각각 백두대간과 백두정간에 대해 언급되어 있고 체계화된 것은 1770년경 산자분수령에 입각한 신경준의 「산경표」에서 1대간(백두대간), 1정간(장백정간), 13정맥으로 조선의 산맥체계를 정리하게 된다. 김정호의 「대동여지도」에는 산경 개념이 잘 표현되어 있다.

오늘날 우리가 거니는 백두대간과 정맥의 시초가 된 것이다.

물론 북의 백두산에서 뻗어 내려오는 1대간, 1정간, 13정맥을 현실적으로 모두 밟아 보지 못하고 남한의 백두대간과 9정맥만을 잇는 상황이다.

백두대간이란 우리 한반도를 동서로 크게 갈라놓는 산줄기로서 북쪽 백두산에서 시작해 금강산, 설악산, 오대산, 태백산, 속리산, 덕유산, 지리산으로 내려오는 1400km(1625km로 보기도 한다.)의 큰 산줄기를 말하고 남한의 백두대간은 약 680km에 이른다. (백두대간이나 정맥의 거리는 재는 방식이나 방법, 기관에 따라 조금씩의 오차가 있음을 밝혀 둔다.)

"산은 강을 넘지 못하고 강은 산을 건너지 못한다.", "산은 스스로 물을 가른다." "물을 건너지 않고 능선으로 연결되어 백두산에 이를 수 있다."

다른 듯 비슷한 맥락의 산자분수령에 대한 이야기다.

한반도의 산줄기는 10대강 유역을 가름하는 산자분수령을 기본 정맥으로 삼고 있어 대부분 산맥은 강 이름과 연관되어 있다.

금남정맥은 금강의 남서쪽을 지나므로 붙여진 이름이다.

백두대간이 남으로 내려오다 전북 장수군 영취산에서 가지를 쳐 서쪽으로 뻗어 내린 산줄기가 금남호남정맥(약 65km)이다. 금남호남정맥은 영취산에서 장안산, 팔공산, 성수산, 마이산, 부귀산을 거쳐 진안 주화산 조약봉 일대에서 맥을 다하게 되고, 다시 주화산에서 금남정맥과 호남정맥이 분기하게 된다. 진안 주화산은 3정맥이 분기하는 중요 지점이다.

진안 주화산에서 북쪽 방향으로 연석산, 운장산, 장군봉, 대둔산과 계룡산, 부여의 부소산으로 이어지는 128km의 산줄기를 금남정맥이라 하고, 주화산에서 남쪽으로 향하면 정맥 중에 가장 긴 호남정맥이 되는 것이다. 호남정맥은 430km에 이른다.

장군봉 넘어서도 조망이면 조망, 아슬한 암릉이면 암릉, 바위산지의 통쾌함을 모두 갖추었다. 내림길은 조금 까칠하지만 방심만 하지 않는다면 그리 위험하진 않다. 물론 발받침 간격이 넓으니 가랑이 쩍, 조심해야 한다.

요즘은 산행 연령이 60~70대 분들도 많지만 오히려 젊은 사람보다 능숙하시니 나이는 그저 숫자. 예전의 그 노인 개념은 사라진 지 오래다.

반대편으로 넘어와 보는 장군봉의 위용도 대단하다.

마치 쓰러질 듯 흘러내릴 듯 그러면서도 굳건한 저 조각조각 맞춰진 바위들을 보면 자연은 그저 허투로 생겨난 건 아무것도 없었다.
뾰족하고 날카롭던 남성미 가득한 장군봉이 풋풋한 연초록과 어우러지니 수줍은 새색시 만난 듯 조금 중화된 느낌이다.
바위 좋은 산지답게 온갖 다양한 캐릭터들도 다 모였다.

 장군봉 아래 사람들이 올라 사진을 찍는 바위는 물개바위다.

 순둥이처럼 생긴 물개가 몇 배 작고 종도 다른 펭귄들에게 몹쓸 짓을 한다는 기사와 영

상을 접한 적이 있었다. 그런 뒤에 잡아먹거나 죽이기까지 한다니 경악이 아닐 수 없었다. 물론 자연의 섭리인가 싶다가도 일부 인간사와 비슷한 거 같아 더욱 충격으로 다가왔던 몇 년 전의 기사였다.
괜히 물개 얘기하다 야에게까지 불똥이 튄다.
물개바위 시무룩, 아녀 널 얘기하는 건 아니라고~^^

두꺼비바위◀

　우측 장군봉에서 왼쪽 성봉을 넘으면 뒤로 운장산으로 이어지는 금남정맥이다.◀
　성봉으로 이어지는 길은 여기 등로보다 그리 좋진 않지만 어차피 정맥꾼들이 다 지나는 길인지라 어렵지 않게 피암목재와 저 뒤의 운장산으로 연결할 수 있다.

장군봉의 명물 해골바위다.▲

마을 주민들은 원래 용뜯어먹은바우라 불렀다는데 어느 등산객이 바위에 구멍 뚫린 모습을 보고 해골을 닮았다 해서 해골바위라 부르고 표기하기 시작하였다.
그러니 기차산이라는 이름도, 해골바위라는 이름도 그리 오래된 것은 아니다.
주민들은 여전히 용이 들어간 옛 이름을 더 좋아할지도 모르겠다.
마치 칼슘 빠져나간 골다공증 뼈 사진을 보는 듯도 하다.
어느 해외 산지, 층층이 바위에 구멍 뚫어 사는 집들을 매스컴에서 본 기억이 있는데 굴로 연결된 그 집들을 보는 듯도 하다.

눈. 코. 입. 앗 거긴 입인데… 오늘 해골님 포식하는 거 아닌가 몰러유.
여러 명이 저 굴마다 들어가 독특한 사진들을 남기기도 하는데 올라가기 쉬운

것은 아니다.

  어느 산객이 서 있는 해골바위 상단부 모습은 정면에서 봤을 때와 전혀 다른 느낌이다. 해골바위를 용뜯어먹은바우라 불렀다는 것을 증명이라도 하듯, 돌출된 바위는 마치 용비늘과 등뼈의 모양을 하고 있다.

참으로 너그럽고 한가한 5월 장군봉의 풍경이다.

 좁은 바위틈에 뿌리를 내려 옆으로 뻗어 나가는 소나무는 자체로 명품이 되었고, 전망 좋은 너른 바위에는 삼삼오오 모여 먹거리 가득 펼쳐졌다.

사방을 둘러봐도 멋들어진 소나무와 바위들, 녹음까지 더해지니 눈으로 입으로 향으로 모든 게 자연에서 취하고픈 한 장면들이 되었다.

절대 바위만 있는 산은 아니다.

걷기 좋은 숲이 이어지고 간간이 피어난 철쭉과 아직 진하지 않은 연푸름도 좋고 그 속에 피어나는 수수한 봄꽃들도 정겹다.

~5월 초 장군봉에서는 병꽃나무, 땅비싸리, 노린재나무, 덜꿩나무, 애기나리, 쇠물푸레나무, 둥굴레, 선밀나물, 개별꽃, 금대난초, 고추나무, 금창초, 봄맞이꽃 등이 꽃을 피우고 있다. 다른 산지와 겹치지 않는 선에서 몇 개체만 실어 본다.

봄의 숲에선 친숙하게 만날 수 있는 고추나무(고추나무과 고추나무속)다. 이른 봄 새순이 올라올 땐 나물로 채취해 먹기도 한다.◀

7~8월이면 고추나무는 집게발 같은 열매를 달게 된다.◀

5월. 며칠 사이에 계절은 또 다시 탈바꿈을 하고 병꽃나무(인동과 병꽃나무속)도 사방에서 꽃을 피워 냈다. 처음엔 황록색이었다가 점차 붉은색으로 변해 가는 특징을 가지고 있다. 꽃은 기다란 깔때기 모양으로 마치 우리 선조들이 사용했던 백자나 청자 병을 닮았다 하여 붙여진 이름이다. 열매는 꼭 맥주병을 닮았다.▲

싸리는 싸리인데 땅에 바짝 붙어 자랄 만큼 키가 작다하여 이름 붙여진 땅비싸리(콩과 땅비싸리속)다. 비슷한 좀땅비싸리와 큰땅비싸리도 있다.◀

채계산에서 열매로 익어 가던 덜꿩나무(산분꽃나무과 산분꽃나무속)를 소개했는데 이것이 덜꿩나무 꽃이다.

덜꿩나무는 들의 꿩이 좋아하는 열매라 해서 붙여진 이름이다. ▲

산에 오면 계절을 느낀다. 여기저기 노린재나무(노린재나무과 노린재나무속) 꽃이 많이도 피었다.
이제부터 숲은 온통 다 노린재나무밖에 안 보일 정도라 해도 과언이 아니다.
숲에선 흔히 만날 수 있고 키 큰 나무 아래에서도 잘 자라는 노린재나무는 전통 염색을 할 때 매염제로 널리 쓰인 황회를 만들던 유용한 나무였다.▼

물푸레나무보다 작다 하여 쇠라는 접두사가 들어간 쇠물푸레나무(물푸레나무과 물푸레나무속)다. 물푸레나무는 '물을 푸르게 하는 나무'라는 뜻으로 어린 가지의 껍질을 벗겨 물에 담그면 파란 물이 우러나고, 『동의보감』에 의하면 진피를 우려내 눈을 씻으면 눈을 밝게 하고 눈에 핏발이 서고 아픈 것, 바람을 맞아 눈물이 계속 흐르는 것을 멈추게 해 준단다.▲

남쪽지방 들가나 나지막한 산 어디라도 잘 자라는 금창초(꿀풀과 조개나물속)다.▶

예전엔 다화개별꽃이라 불리던 아이였는데 이젠 통합되어 개별꽃(석죽과 개별꽃속)으로 부르면 된다. 개별꽃속도 구별하기 어려운 것이 많아 은근 까다롭다. 하기야 변이도 없고 종류도 많지 않아 쉬운 식생이 그리 많겠냐만 말이다. ◀

별처럼 반짝반짝한 봄맞이꽃(앵초과 봄맞이꽃속)도 한창이고 왼쪽 조그마한 블루는 꽃마리(지치과 꽃마리속)다. 꽃마리는 참꽃마리 또는 꽃받이와도 혼동하기 쉬운 아이다. ▶

아유~이쁘게도 피어났다.▲

마치 작은 수선화를 보는 듯 여간 앙증맞고 사랑스러운 게 아니다. 요즘은 꽃시장에 가면 어느 꽃이든 쉽게 구할 수 있겠지만 어디 야생에서 만난 그 기쁨과 비할 수야 있겠는가.

은난초, 은대난초에 비하면 상대적으로 자주 볼 수 없는 금난초(난초과 은대난초속)다. 은대난초속의 다른 식물들이 흰 색을 띠는 반면 유일하게 노란 꽃을 피워 내니 더욱이나 화사하게 느껴지는 꽃이다. 딱 한 개체만이 고고하게 이 자리를 지키고 있다. 주로 남부지방에 서식하지만 온난화 영향으로 이젠 중부에서 발견되기도 한다.

은대난초(난초과 은대난초속)와 은난초(난초과 은대난초속)다. ▲

꽃 아래 포엽이 꽃보다 길면 은대난초, 포가 작으면 은난초로 구별한다.

은대난초 꽃잎은 폈는지 말았는지 싶을 만큼 시원하게 열리지 않는 특징도 있고 잎도 은난초보다는 길쭉길쭉한 편이다.

두 개가 애매한 것들도 많은데 이 아이들은 구별하기 쉽게 확실히 포의 길이가 차이가 난다.

314 오늘의 명산, 절경따라 걷는 길

　구수골 계곡은 물도 맑은 데다 가문 날씨를 감안해도 수량도 제법이나 풍부해 보기만 해도 시원함이 전해진다.
　유격~유격~
　끝없이 이어져 산으로 오르는 젊은 병사들의 우렁찬 목소리가 울려 퍼진다.
　밤새 행군을 하려는지, 행군을 다녀온 것인지 어쨌든 배낭이 버거워 보인다.
　우리에겐 힐링 코스였던 이 장소가 혹여 저 군인들에겐 살면서 다시 오고 싶지 않은 악몽의 장소가 되지나 않을지 지나치는 걸음도 편치만은 않다.
힘들겠지만 이왕이면 젊음의 상징~ 추억의 한 페이지로 남길 바라 본다.

　산행이어도 좋고 여행이어도 좋고 늘 그것 같은 일상에 권태로움을 느낀다면 가 보지 않은 새로운 길을 찾아 나서 보는 것도 한 방법이 된다.
새로운 산행지를 찾는 분이라면 힘찬 기상의 장군봉에 올라 보아도 좋겠다. 기대 이상의 조망과 해골바위며 옹골찬 암군에 빠져들지도 모르겠다.

4. 원주/제천 감악산

우리나라에는 감악산이라는 이름을 가진 산들이 여럿 있다. 출렁다리로 유명한 파주 감악산이 있고, 풍력발전단지와 항노화웰니스 체험장에 아스타, 감국, 구절초 등 꽃밭을 조성해 핫플이 된 거창의 감악산도 있다.

그에 못지않게 아름다운 산이 있으니 원주와 제천의 경계에 있는 감악산이다.

신림역, 피재, 백련사, 창촌(만남의광장) 등 다양한 코스가 있고 석기암봉과 연계하기도 하고, 제천 용두산까지 3산을 이어 걷기도 한다.

왕초보도 가능한 최단코스는 백련사에서 올랐다가 백련사로 하산하는 방법이다. 정상까지 30분이면 되는 짧은 거리다. 물론 제대로 산행을 하려면 백련사까지 차량을 이용하지 않고 신림역에서 시작해 백련사 거쳐 정상으로 오르기도 한다. 신림역에서 천삼산 경유해 감악산으로 오를 수도 있다.

그래도 암봉 산행을 원하는 이들에겐 창촌 코스가 제격이기도 하다.

창촌 코스는 계곡과 능선 코스로 나눠지는데 계곡 코스는 원만한 산행을 즐길 수 있고, 능선 코스는 1, 2, 3봉의 암봉이 가파르고 일부는 밧줄을 잡아야 하는 암반 산행이라 안전 예방을 위해 폐쇄를 시키기도 하므로 미리 확인을 해 보는 게 좋다.

창촌행 대중교통은 원주 시내에서 24번 버스를 이용하면 된다. 암봉 코스는 처음부터 급경사 깔딱을 올라야 하지만 이미 연노랗게 물들고 있는 나무와 낙엽, 그리고 탁 트이는 조망

효빈길을 나서다~

효빈길을 나서다~

에는 절로 편안한 심호흡이 뒤따르게 된다.

  산행 들머리에서 얼마 오르지 않아 바위 경사지가 시작되지만 물들어 가는 단풍에 깔딱마저도 달콤한 속삭임이 되어 준다. 그러나 이 길이 절대 만만하지는 않다.

밧줄을 잡고 날망을 오르고 겨울철이라면 특히나 주의가 필요한 코스다.

3봉 오를 때쯤이면 급경사 바위 구간이 나오게 된다.

  탑바위라 부르는 사람들도 있고, 남근석을 닮았다 하는 사람들도 있고 어쨌든 삼단의 탑처럼 쌓인 바위다. ▶

감악 2봉 전망대.▲

감악산은 원주 쪽 정상과 제천 쪽 정상이 따로 있고, 정상석도 각자 세워 두었다.

감악 2봉 앞으로 제천 쪽에서 세운 감악산 정상(월출봉)과 일출봉(동자바위)이 보인다.

감악3봉(원주 감악산 정상)으로 가는 등로는 가장 재미나면서도 가장 힘을 들여야 하는 길이 시작되는 곳이다.

물론 밧줄 잡을 팔 힘만 있으면 오를 수 있어 엔돌핀 솟아나는 바위 구간이라 보면 된다. 로프가 연결되어 딱히 위험하

소빈 길을 나서다~

진 않지만 그래도 절대 방심해선 안 되겠다. 비가 오거나 눈이 내렸을 땐 미끄럼에 조심해야겠고 이곳을 하산로로 택하기보다는 차라리 오르는 게 재미도 있고, 더 안전할 수도 있다.

어중간하게 경사지에선 멈추면 안 되는데 켜켜이 층을 이룬 바위를 보고 그냥 지나치지 못하고 멈춰 선다. 탈을 쓴 것 같기도 한 것이 웃고 있는 것처럼 강한 인상을 주는 바위다.

그렇게 힘을 들여 바위를 지나오면 또다시 급경사 내림길이 시작된다.
확실히 내리막이 더 까탈스럽지만 밧줄과 곳곳 디딤판이 놓여 있어 괜찮다.

바위지대를 몇 번 오르락내리락하면 원주 감악산(930m) 정상인 감악3봉에 닿는다.

원주시 신림면과 제천시 봉양읍에 경계를 두고 있는 감악산은 제천과 원주 쪽에서 각각 다른 봉우리에 정상석을 세워 두었는데 해발은 제천 쪽이 더 높다.

국토지리정보원이나 각각의 지도 또는 다른 자료들과 해발이 모두 다르게 표기되어 있어 헷갈릴 수도 있다. 정상석도 새로 세우고 길도 정비를 하면서 몇 년 전부터 부쩍 많이들 찾는 산행지가 되었다.

원주 쪽은 감악1봉부터 암봉 따라 올라오는 길이 스릴 넘치고, 제천 쪽은 정상 바위와 정상에 올라서 보는 풍경이 좋다. 어느 쪽이 더 낫다 말하지 못할 만큼 봉우리 봉우리들이 수려하다.

그러나 감악 1~3봉 넘어오는 길은 위험하다 하여 폐쇄를 하기도 하므로 그럴 땐 계곡 코스를 이용해야 한다. 힘들게 올라온 만큼 보상은 따르기 마련이다.

야생화의 천국이기도 하고 겨울 설경산행으로 많이들 찾는 백덕산이며, 여름철이면 장구목이 이끼계곡이며 야생화 많은 산지로도 유명한 가리왕산을 필두로 치악산 비로봉과 남대봉은 물론 원주 제천 단양 쪽 산들을 두루 조망할 수가 있다.

원주 감악산 조망처 바위에서 바라다보는 건너편의 일출봉(제천의 감악산 정상), 월출봉(동자바위)이 또한 볼 만하다.

원주 하면 유명한 치악산국립공원에 가려 뒤늦게서야 빛을 보는 감악산이지만 그 빼어난 절경은 어느 명산 부럽지 않을 만큼 암반과 계곡, 육산이 조화롭게 구성되어 있다.

아무래도 1, 2, 3봉 오르내리기가 수월치 않으니 이쪽으론 사람이 많지 않다.

원주 쪽으로 건너왔다 하여도 원주 정상석 인증만 남기고 다시 제천 정상 쪽으로들 넘어간다.
백련사에서 오르는 게 가장 수월하고, 대부분은 그 길을 많이 이용하는 편이다.
그러니 한가한 이 조망처 날망은 더할 나위 없는 명당이 되었다.
명품이 어디 따로 있단가요. 이 풍경들, 이 천연의 색만으로도 값비싼 명작들 부럽지 않어라.

감악3봉을 따라 협곡을 내려오는 길도 너무나 아름다워 끝없는 감탄사를 불러일으킨다.

이게 무엇이래. 켜켜이 쌓인 바위층은 그야말로 세월의 유물이 되었다.

어느 남미의 유적지들 부럽지 않을 만큼 우리에게도 이런 보물들이 곳곳에 숨어 있었던 것이다.

아직 진하지 않게 은은하게 물드는 단풍마저도 이 고고함을 덧입히고 있다.

말이 필요 없겠다. 끝없이 이어지는 명품 바위들 감상 한번 해 보자.

그저 바윗길, 가을 길 자체가 아름답다.

아무것도 손대지 않았지만 자연은 때가 되니 이런 천연색을 만들어 내었으니 벅찬 감정으로 이 길을 걷는다.

효빈길을 나서다~

효빈길을 나서다~

내장산이 아니어도 좋아라. 설악산이 아니어도 좋아라.
저렇게 한번쯤만 꼭 한번쯤만 제 생긴 대로 타오르면 될 거야.
제 성미대로 피어보면 될 거야.

- 조태일의 「단풍을 보면서」 중에 -

   그래, 제 멋대로 제 생긴 대로 원 없이 피어 보거라.
   살면서 한 번쯤 피어 보지도 못한 생은 너무 서글프다.
   감악산 오르는 곳곳에는 경고문이 붙어 있는데 특히나 눈비가 내렸을 때 하산 길은 조심할 필요가 있다. 반복해 하는 말이지만 여느 산이 그러하듯 조심해 진행하면 크게 문제는 없을 것이고, 어느 산도 만만하거나 쉬운 산은 없다는 생각으로 임하는 게 좋겠다.

갈빛으로 변하고 있는 마당에 유일하게 우아한 몸짓을 보내는 아이가 있다. 산부추(백합과 부추속)다. **잎이나 줄기 등에 따라 둥근산부추, 참산부추, 두메부추 등으로 나뉜다.**◀

다 시들어 가는 계절, 늦게까지 남아 준 산구절초(국화과 구절초속)도 고맙기 이를 데 없다. 바위구절초와도 잎이 흡사한 형태라 구별이 쉽지만은 않다. **끝없는 변이가 일어나는 것은 아닌지도 싶다.**▲

큰참나물(산형과 큰참나물속) 열매다.◀

주로 약초 캐시는 분들이 진삼이라고 말하는 존재가 이 큰참나물이다. 세 장의 잎은 얼핏 참나물과 비슷하나 참나물은 흰 꽃을 피우는 반면 큰참나물은 자주색 꽃을 피운다. 특히 열매가 참나물과는 전혀 다르게 생겼다.

매끄럽고 둥그런 타원형인 참나물 열매와 달리 큰참나물은 납작한 타원형으로 얇은 날개와 능선이 있다. 다른 참나물들처럼 처음엔 참나물속이었다가 묏미나리속으로 변경, 그리고 다시 큰참나물속으로 따로 분류가 되었다. 열매의 특징이 분류학적 변경에 영향을 미쳤을 것이다.

이것이 자주색 꽃을 피우는 큰참나물이다. 9월 초에 담은 모습이다.▲

참나물이나 큰참나물이나 세 장의 잎에서는 크게 차이를 느끼지 못할 수 있지만 열매로 변한 모습을 보면 쉬 구별이 된다. **왼쪽 털이 없이 둥그렇고 매끄럼한 열매는 참나물, 오른쪽은 납작한 타원형에 날개와 능선이 있는 큰참나물 열매다.**▲

아직도 남아 있는 푸른 잎이 신선하게 전해진다.▲

물갈퀴가 달린 오리발을 연상시키는 큰 잎이 인상적인 나무다. 흔히 엄나무라 많이 부르기도 하는 음나무(두릅나무과 음나무속)다. 음나무 어린 순은 나물로도 먹고, 수피는 약재로 쓰인다. 예로부터 귀신을 쫓는 나무라 해서 대문 옆에 심어 두거나 가지를 꺾어 방문 앞에 걸어두기도 했고 무당이 굿을 할 때 귀신을 물리치는 도구로도 사용을 했다 한다. 날카롭고 위협적인 가시가 잡귀를 물리쳐 줄 것이라 믿었던 것이다. 이 아이는 음나무보다 잎이 가는 가는잎음나무로 추정된다. 이외에도 석기암봉과 용두산 가는 길엔 노린재나무 열매, 단풍취. 산앵도나무, 삽주, 은분취, 고려엉겅퀴, 이고들빼기, 미역취 등을 만날 수 있었다.

월출봉(동자바위)이다. 바위는 마치 투구를 쓴 가면처럼 느껴졌다.

밧줄과 루트가 있으니 올라갈 수는 있지만 쉽지는 않으니 굳이 오를 필요는 없겠다.▲

개인적으로 감악산에서 가장 아름답게 느껴지는 바위다.

그냥 석문(통천문)이었다 하여도 지나치지 못했을 텐데 기울어질듯 쌓인 바위에 주홍, 노랑으로 물을 들이니 이 어찌 감동하지 않겠는가.

다른 곳의 석문보다 예술성이 뛰어나다 느낀 데다 저 구멍 뒤 단풍마저 곁들여지니 이보다 아름다울 수 없다. 여름날의 녹음과도 어우러짐이 좋은 석문이다.

바위를 돌아 정상으로 가는 길 곳곳에도 딱 보기 좋게 물들고 있다.

이 바위는 또 무엇이래. 마치 고대 유적지에서 막 튀어나왔을 법한 바위층에 감탄사 이어진다. 세로로 양각된 듯한 바위는 마치 죽어도 편히 쉬지 못하는 어느 군위대의 병사들 같았다. 모든 게 유물이어라. 이런 세월의 흔적들 앞에서는 감히 신비를 논하지도 못할 만큼 경외스러움 그 자체다.

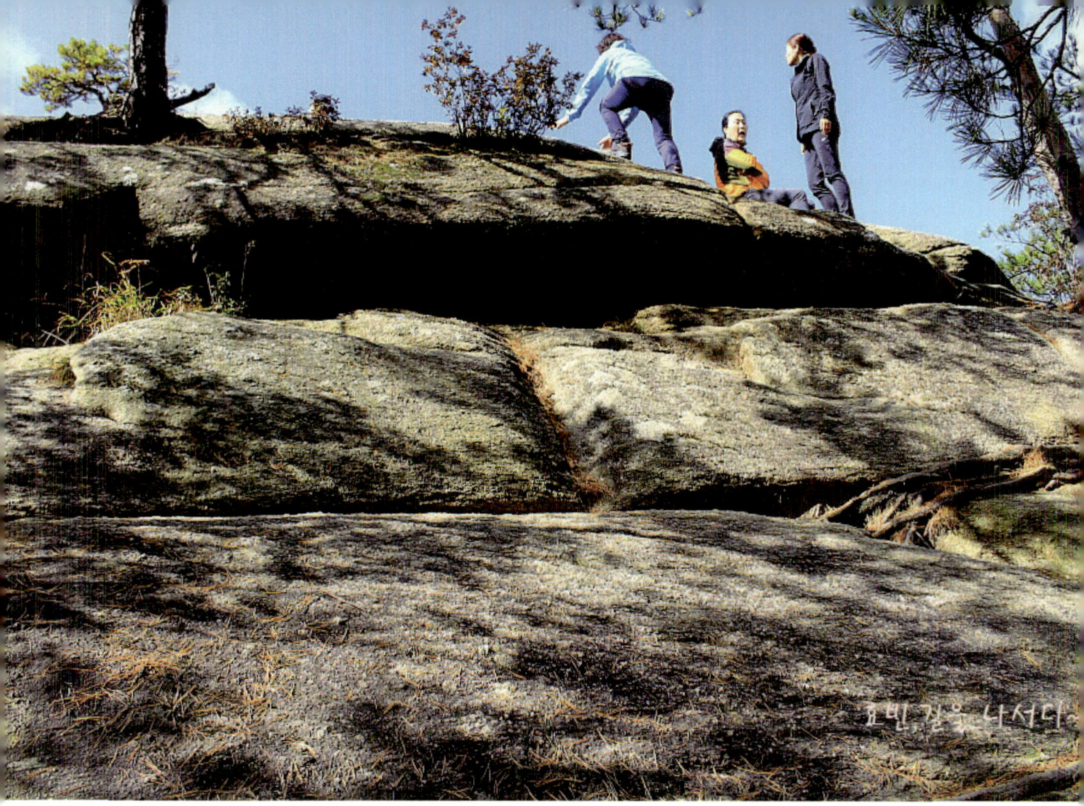
효빈, 길을 나서다

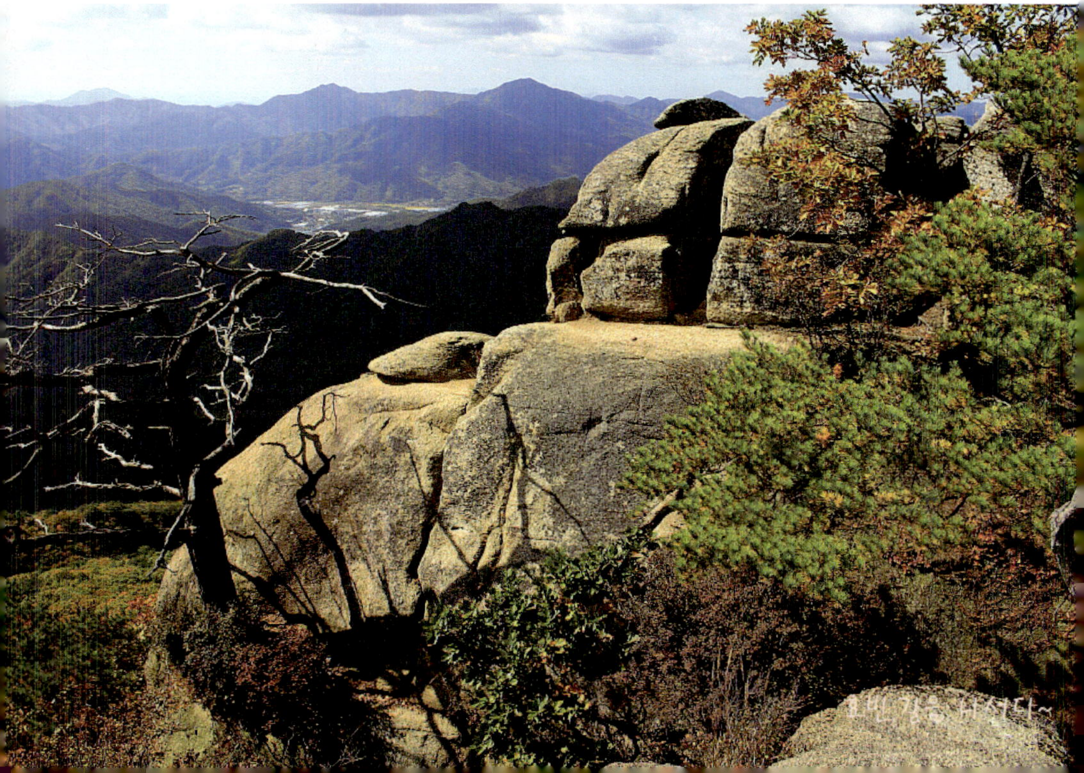
효빈, 길을 나서다~

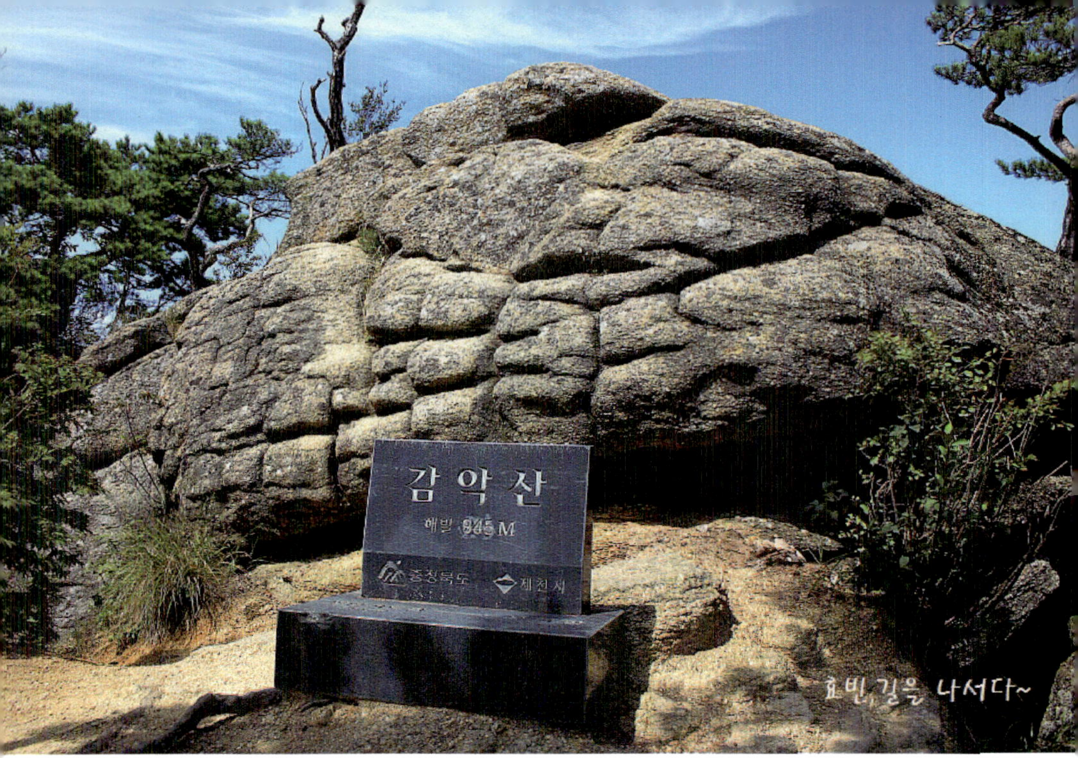
감악산
해발 945M
충청북도
제천시
효빈, 길을 나서다~

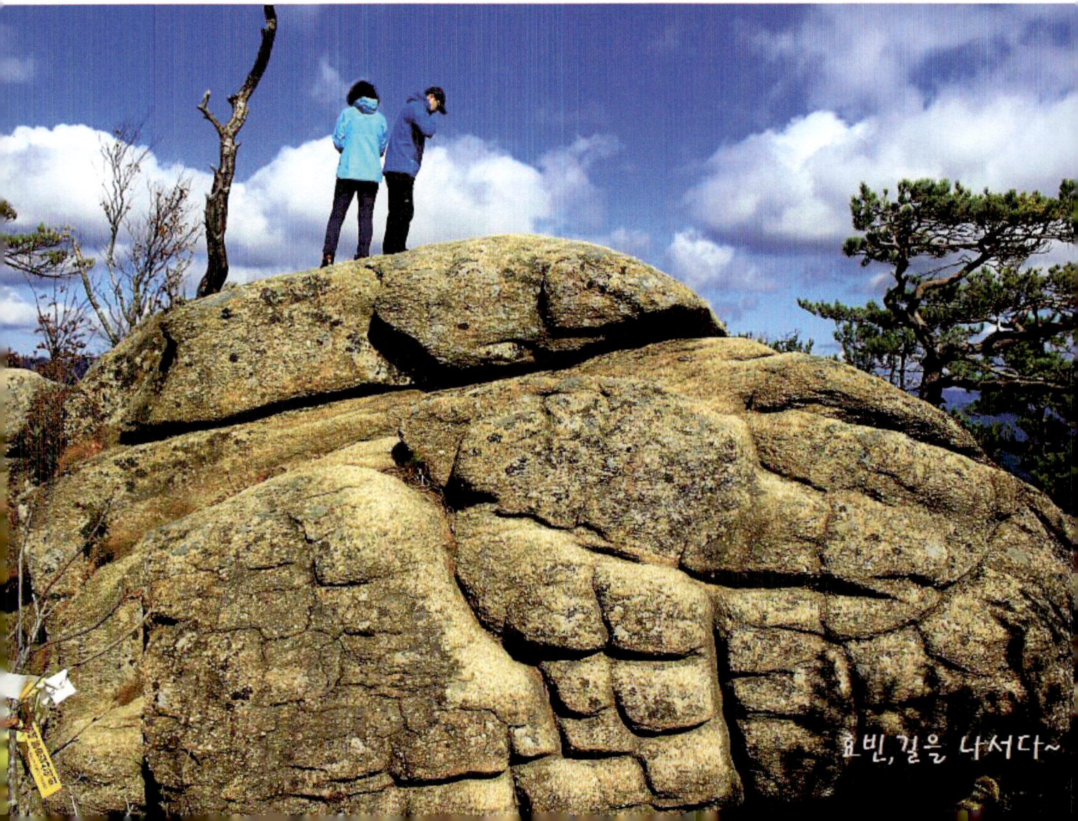
효빈, 길을 나서다~

제천 감악산(945m)은 바위 아래에 정상석이 세워져 있다.

감악산 자락은 민간신앙, 불교, 천주교가 한데 자리할 만큼 성스러운 곳이라 한다.

신림면은 신성한 숲이라는 뜻으로 생긴 이름이고, 남쪽 봉양 쪽에는 많이들 들어 봤을 배론성지가 있는데 대원군이 천주교 박해 시 천주교인들이 생활하던 곳을 성지화한 곳이다.

정상 바로 아래에는 의상조사가 창건했다는 신라시대 고찰인 백련사가 자리하고 있는데 백련사에서 바라보는 정상부의 기암들도 백련사와 어우러져 아주 볼 만하다.

감악산은 영월지맥이 이어지는 길이기도 하다.

하늘은 더없이 푸르고, 바위틈의 저 소나무는 여전히 잘 자라고 있다.

정상석 위의 바위로 올라가 본다. 바위에 홈이 많아 예전엔 올라갈 만하였는데 이리저리 용을 써 봐도 다른 쪽 발이 영 올려지지 않는다.

그늘에서 쉬고 있던 한 아저씨가 내가 생쇼하는 모습이 너무 황당하셨는지 아님 안타까웠는지 어쨌든 급하게 다가와 발을 받쳐 주신다.

아~ 소나무와 하늘은 저리도 쾌청하고 푸르건만 나는 엉덩이만 무거워졌나 보다.

　정상 조망바위에 올라서면 감악1봉, 2봉, 3봉, 월출봉(동자바위)에 시선이 간다. 맨 좌측 커다란 바위가 월출봉(동자바위), 가운데가 원주 정상인 감악3봉, 우측으로 2봉이다. 1봉은 2봉과 겹쳐져 있다.
가운데 뒤론 매봉산, 매봉산과 겹쳐진 바로 좌측 뒤로 아주 쪼끄마하게 튀어나온 치악산 비로봉 정상도 확인할 수가 있다. 좌측으로는 치악산 남대봉과 시명봉이다.
개인적으로 치악산도 좋아라 하지만 조금 거친 듯한 감악산을 더 좋아한다.

　석기암봉으로 향하면서 뒤돌아 본 감악산은 그 바위봉의 위엄을 그대로 드러내고 있다. 날렵한 절벽에 소담스레 들어찬 저 갈빛들의 향연까지.
지나치게 화려하진 않지만 이보다 고울 수도 없다. 계절이 만들어 낸 최고의 선

물이다.

　감악산은 짧게 백련사에서 올랐다가 다시 백련사로 하산하는 방법도 있지만 조금 길게 걷고 싶다면 석기암봉까지, 또는 제천 용두산까지 연계 산행을 하여도 된다. 석기암봉과 용두산은 숲이 좋은 육산이라 릴랙스하며 걷기에 좋다. 감악산 창촌에서 용두산 제2의림지까지 약 16km로 7시간 30분(필자 기준)이 소요된 조금은 빡센 산행이지만 그 힘든 것도 잊을 만큼 출중한 바위산의 자태와 가을 산의 매력에 빠져 걸을 수 있는 원주와 제천의 산지였다.

　용두산 하산지에서 조금 더 내려가면 유명한 의림지를 만날 수 있다.

　의림지의 제방은 신라 진흥왕 때 우륵이 처음 쌓았고 700여 년 뒤에 박의림이 쌓았다고 전해진다.

　의림지는 우리나라에서 가장 오래된 저수지 중 하나로 사계절이 아름다워 철

마다 사진을 찍으려는 사람들, 산책을 하는 사람들로 발길 끊이지 않는 제천의 경승지다. 용추폭포 유리전망대, 파크랜드 등도 조성을 해 두어 볼거리 즐길 거리도 풍부해 휴식 공간으로서 각광을 받고 있다.

5. 청와대 뒷산 - 인왕산과 백악산

2022년 5월, 청와대 개방과 함께 청와대 뒷길이 54년 만에 전면 개방되면서 많은 관심과 발길이 닿는 곳이 있다. 청와대 뒷산인 북악산이다.

한양도성의 일부인 북악산은 1968년 1.21사태 이후 40년 가까이 통제해 오다 2006년부터 단계적으로 조금씩 개방되어 왔다. 2020년 11월 청와대 뒤편인 북악산 북측면이 개방되었고 2022년 5월 남측면인 백악정 구간마저 완전 개방하면서 54년 만에 국민의 품으로 돌아오게 된 것이다.

청와대라는 특수성으로 어느 정도의 규제가 있고 조금은 긴장을 하기도 했던 산이 개방됨과 동시에 주말의 북악산 특히 청와대 부근 등산로는 많은 산악회와 단체에서 청와대 방문과 겸하다 보니 인산인해를 이루곤 한다.

그런 이슈가 아니더라도 인왕산과 북악산은 암봉과 조망은 물론이거니와 역사와 문화를 동시에 느껴 볼 수 있는 한양도성길로 걸어 볼 만한 가치 있는 산길이다.

인왕산부터 북악산(백악산)으로 또는 안산부터 시작해 인왕산과 북악산까지 이어 걸어도 좋다. 인왕산은 주로 사직공원(사직단)이나 인왕사, 무악재 하늘다리 등에서 들머리를 삼는 편이다. 물론 인왕산만 또는 북악산만 오르려 한다면 인왕산과 북악산 중간 지점인 자하문고개(윤동주문학관)에서 들날머리를 삼아도 된다.

인왕산과 인왕산 성곽길.▲

인왕산(338m)은 조선 개국 초기엔 서산이라고 하다가 세종 때부터 인왕산(仁王山)이라 불렸다. 인왕이란 불법을 수호하는 금강산의 이름으로 조선왕조를 수호하려는 뜻으로 산 이름을 바꾸게 되었다 한다. 무학대사가 이 산을 주산으로 삼으면 불교가 융성할 것이라고 하였다는 이야기도 전해진다.

일제강점기 때 인왕산의 표기를 인왕산(仁旺山)이라 하였으나 1995년 본래 지명인 인왕산(仁王山)으로 환원되었다.

인왕산은 나지막하지만 전형적인 바위산으로 짧은 거리를 오르면서도 도시의 전경은 물론 청와대와 인접해 있어 일반 산행과는 다른 분위기를 느낄 수 있다.

조선 초에 도성을 세울 때 북악산을 주산, 남산을 안산, 낙산을 좌청룡, 인왕산을 우백호로 삼았다니 조선조의 기운이 서린 명산이자 이젠 서울의 역사를 얘기할 때 빠질 수 없는 산이 되었다.

1968년 1·21사태 이후 민간인 출입이 통제되다가 1993년 개방되면서 서울시민들에게 한층 다양한 산책길이며 조망 명소를 하나 건네주게 되었다.

물론 군부대가 주둔하고 있고 청와대가 보이는 옆 산이라 완전한 개방은 아니었다.

인왕산엔 치마바위, 선바위, 기차바위 등 작지만 알찬 기암괴석이 많다.

인왕이라는 불교식 이름처럼 인왕산 아래 인왕사 선바위에는 무학대사와 조선 건국에 대한 이야기가 남아 있다.

조선왕조실록에는 태조가 인왕사에서 조생스님을 만났다는 기록이 남아 있는 것으로 볼 때 늦어도 1397년에는 태조의 후원으로 무학대사와 조생선사에 의해 인왕사가 창건되었음을 짐작하게 한다.

세종 때 조선왕조를 수호하려는 뜻에서 산의 이름을 인왕산이라 칭하고, 사찰을 인왕사라 부르게 되었으나 인왕사에서 궁궐이 보인다는 이유로 연산군 때 폐사되었다. 그 후 복원되었다가 임진왜란으로 소실되어 폐사지로 남게 되고 1910년경 선바위를 중심으로 선암정사를 짓고 다시금 오늘에 이르게 된다.

　독특하게 생긴 인왕사의 선바위다. 선바위는 조선 건국에 얽힌 정도전과 무학대사 일화에도 남아 있다.

　이 바위를 성 안으로 할 것인지, 밖으로 할 것인지에 대한 문제로 정도전과 왕사였던 무학대사가 신경전을 벌이고 대립하게 된다.
선바위를 성 안으로 넣으면 불교가 왕성하여 유신은 물러날 것이고, 밖으로 내놓으면 불교와 승려가 힘을 쓰지 못한다는 의미였던 것이다.

　태조는 쉬 결정을 내리지 못하다 잠이 들었는데 꿈속에 선바위 안쪽으로 성을 쌓은 자리만 눈이 녹아 하늘의 뜻이라 생각하고 선바위를 밖으로 내놓고 성을 쌓게 된다. 그러자 무학이 이제 중이 선비의 보따리나 짊어지고 다니게 되었다 탄식하였다 한다.

　신라시대 도선국사는 인왕사 위의 이 선바위를 왕기가 서리는 길지라 하였다.

아이를 갖기 원하는 부인들이 이곳에서 기도를 많이 하여 기자암이라 불리기도 하고, 바위 모습이 마치 스님이 장삼을 입고 있는 것처럼 보여 참선한다는 선 자를 써서 선바위라 불리게 되었다.

태조와 무학대사의 상이라는 설화와 태조 부부의 상이라는 설화도 전한다. 일제가 남산에 있던 국사당을 이 바위 곁으로 옮긴 뒤부터 이 바위와 국사당이 함께 무신(巫神)을 모시는 신앙의 대상이 되었다고 한다.

그래서인지 인왕산 일대는 무속신앙적인 기도처가 곳곳에 눈에 띈다.

뒤에서 본 선바위는 스님이 장삼 입은 것처럼도 보이지만 마치 중세 유럽의 가톨릭 관계자가 입었음직한 모자 달린 의상이 떠올려지기도 한다.

기도처 선바위는 이제 비둘기들의 안식처가 되었다.

독립문역 1번 출구로 나와 아이파크아파트 옆길을 지나면 인왕사와 인왕산 오르는 길을 만날 수 있다. 안산과 인왕산을 잇는 무악재하늘다리가 생겨 독립문역에서 무악재하늘다리를 들머리로 삼아도 좋다.

선바위에서 인왕산 가는 길엔 독특한 바위들을 접할 수 있는데 타포니가 발달한 토르가 많다. 곳곳에 흰 낙서들도 가득하다. 이 또한 무속신앙에 대한 영향이 없진 않으리라 보인다. 복잡한 도심에서 조금만 올라도 바위 조망처가 많아져 수두룩빽빽한 빌딩숲에 한줄기 빛이 되고 있다.

건물들이 산을 치고 올라올 것만 같은 요즘에 그나마 이런 산길이 없었다면 이 도심이 얼마나 답답하고 숨이 막혔을지 상상도 하기 싫은 일이다.

인왕산에 오르다 뒤돌아보면 아래로는 인왕사와 선바위가 자리하고, 남산에서 인왕산으로 이어지는 서울성곽길도 확인할 수 있다.

서울성곽길은 2011년 넓은 의미의 '서울 한양도성'이라는 이름으로 명칭이 바뀌었다. 한양도성을 따라 걷는 순성길은 서울의 내사산(백악산, 낙산, 남산, 인왕산)을 잇고 사대문(숭례문, 흥인지문, 숙정문, 돈의문 터)을 포함한 다양한 문화유산을 지나는 역사와 문화 체험의 길로 총 길이는 약 18.6km에 이른다. 백악 구간, 낙산 구간, 흥인지문 구간, 숭례문 구간, 남산 구간, 인왕산 구간의 6구간으로 나뉘어져 있어 시간과 체력에 맞게 한양도성 한 바퀴를 돌아보는 것도 좋다.

인왕산은 무속신앙의 기운 때문인지 곳곳엔 이렇게 움막이나 천막을 치고 무속인들과 그 손님들이 기도를 하는 곳들이 발견되기도 한다.

본격적으로 성곽길로 접어들면 새로 복원한 성곽이 너무 티가 나서인지 얼른 세월이 지났으면 싶은 생각도 든다. 거리는 짧지만 꽤나 가파른 편이다. 그러나 등산 초보자도 가벼운 운동화 신고 오를 수 있는 거리와 등로다. 벌써 백로. 아침저녁으로는 제법이나 선선해졌지만 한낮엔 여전히 뙤약볕이니 몇 발자국 가지 않아 시원한 그늘을 찾아들게 된다.

뜨거운 볕 아래, 외국인 남녀가 씩씩하게 오른다.

남자는 배낭 없이 양산만 쓰고 배낭은 여자가 메었다. 뭐 정해진 게 따로 있단 가요.

능력 되는 사람이, 체력 되는 사람이 조금 더 하면 되지 뭐. ❁

범봉이다. 저 다음 봉우리가 인왕산 정상이다.▲

인왕산은 거의 산 전체가 화강암으로 이루어진 바위가 돌출되어 있다. 예전엔 인왕산에 호랑이가 살았다는 것을 증명이라도 하듯 범봉(범바위)이라는 이름이 생겨났고 산 아래엔 호랑이굴이 있었다 한다. 그래서인지 인왕산 일대엔 호랑이 조각상도 많이 세워져 있다. 청와대와 경복궁을 지키는 의미도 담겼을 것이다. 그러고 보면 우리 조상들은 용감도 했다. 언제 나타날지도 모를 호랑이의 위험에도 성곽을 만들고 유람을 떠나고 자연을 즐길 줄 아는 풍류도 있었으니 말이다.

　범봉은 데크로 잘 정비되어 있고, 역시나 곳곳엔 무인감시카메라가 돌고 있다.

　지금이야 인왕산이 자유롭게 오갈 수 있지만 예전에는 보초 서는 요원들이 많이 있었고 사진도 자유롭게 찍을 수 없었다. 백악산에 비하면 덜했지만 그래도 괜히 눈치가 보이는 건 어쩔 수 없었다.

이젠 인왕산도 백악산도 예전의 그 분위기는 사라진지 오래다.

　뜨거운 한낮 도심의 산에서 여유를 누리는 강아지 한 마리도 귀엽고, 강아지와 이 풍경을 누리고자 함께 등반한 앳된 남학생도 풋풋해 보여 절로 흐뭇한 미소가 번진다.

백악산(좌측)과 그 우측 아래로 청와대.▲

　백악산은 북악산이라는 이름으로 더 많이 알려져 있는데 조선시대에는 주로 백악, 백악산이라 불렸다 한다. 지금 정상석은 백악산이라 되어 있고, 지도나 안내문에는 백악산과 북악산을 혼용해 쓰고 있다.

백악산이라 불리다가 일제강점기 이후에 북악산으로 많이 부르게 되었는데 일제가 조선을 폄하하기 위해 의도적으로 북악산이라 호칭했다고도 한다.

　청와대는 인왕산 오름길부터 보이기 시작해 범봉에서도 기차바위에서도 만날 수가 있다. 백악산 그 속에서보다 인왕산 기차바위 일대에서 잘 드러난다. 물론 백악산 백악정 일대가 개방되긴 하였지만 나는 개인적으로 인왕산에서 보는 청와대가 더 운치 있다 느끼곤 한다.

서울특별시 종로구 청와대로 1 청와대.

　1948년 8월 이래 대한민국 최고 권력기관이자 수뇌부였던 대통령 관저 청와대가 2022년 5월 그 역할을 내려놓았으니 이젠 어떤 모습으로 탈바꿈을 할지도 초미의 관심사가 되었다.

　불편한 얘기지만 청와대의 기원은 1939년 경복궁 후원에 일제의 조선 총독 관저를 건립하면서부터다. 총독 관저부터는 83년, 1948년 대한민국 정부 수립 뒤라면 74년 만에 완전 개방된 것이다.

경무대라는 이름으로 불리다가 1960년 4.19혁명 이후 청와대라는 이름을 갖게 되었다.

　청와대는 역대 대통령들의 공과 허물을 논하는 중심에 있었고, 암봉인 백악산이 고개를 치켜든 바로 아래 자리 잡은 청와대 터가 좋지 않아 국운과 대통령들의 말로가 사납다는 말들이 나돌기도 했다. 청와대 터로 인해 그리 국운이 사나운 거였다면 오늘날 우리나라가 경제며 문화, 민주주의가 이만큼 성장한 것은 또 어떻게 설명할 것인가.

풍수학자, 지리학자, 건축학자들의 다양한 의견들이 있겠지만 터가 좋았든 나빴든 청와대의 역할을 다한 것은 그저 시대의 흐름일 뿐이라 생각하고 싶다.

문체부에서는 비어 있는 청와대의 주요 건물은 미술관과 전시장으로, 야외 공간은 공연장으로 활용하는 복합문화공간이 된다는 청사진을 밝혔지만 성급하다는 의견들과 문화재청이나 관계 부처 간 마찰음이 따르기도 했다.
개방하자마자 문화재 훼손은 물론 상업화시킨다는 부작용과 함께 관리와 환경 조성, 공원화시키는 데에 따른 비용도 만만치 않게 들어가니 말이다.
이왕 결정이 되었으니 복합문화공간으로서의 역할을 차분히 밟아 나가리라 기대해 본다.

역사적 학술적 가치가 높은 청와대의 노거수 6주(말채나무 1그루, 용버들 1그루, 반송 1그루, 회화나무 3그루)는 '청와대 노거수 군'명칭으로 2022년 8월 30일 천연기념물에 지정 예고되었다.

서울 종로구와 서대문구에 걸쳐 있는 인왕산 정상(338.2m)엔 조그마한 정상 목과 돌출된 바위 하나가 있다.
성곽길을 따라 올라오다 보면 성곽초소에 대한 안내문이 하나 세워져 있는데 그 내용인즉 인왕산 개방 과정에 대한 것이다.

인왕산은 1.21사태 이후 청와대 경호를 위해 30개소 이상의 시설물(경계초소, 소초)이 설치되었고 일반인 출입이 금지되었다. 1993년 김영삼 정부 출범 후 제한적으로 개방되었다가 2002년 노무현 정부 때 성벽 주변의 철조망 등을 철거하면서 좀 더 개방의 폭을 넓혀 갔다.

2018년 문재인 정부 때 인왕산을 시민의 품에 환원하겠다는 취지로 전 구간을 개방하고 경계시설물을 대대적으로 정비하게 되는데 경계초소 20개소 중 17개소를 철거하고 3개소는 훼철(부수어서 걷어 치움)과 복원 역사를 보여 주는 스토리텔링을 위해 남겨 두었다 한다. 여기와 관련해 요즘 핫한 장소가 있다.

철거하던 인왕산의 군경찰초소를 서울시와 종로구에서 리모델링해 화제가 된 곳인데 '인왕산 초소책방'과 '인왕산 숲속쉼터'가 그곳이다. 경관 좋은 테라스에서도 책을 보고 차를 마시며 그동안 잘 간직되어 온 인왕산의 풍경을 그대로 즐길 수 있어 방송에서도 소개되는 등 핫 플레이스로 각광받고 있다.

인왕산 정상의 거대한 바위가 치마를 펼친 것 같다 하여 이름 붙여진 치마바위다. 중종반정으로 왕위에 오른 중종의 부인인 왕비 신 씨가 역적의 자식이라 하여 궁에서 쫓겨나 사가에서 지낼 적에 매일 치마바위에 치마를 걸어 왕에게 사모하는 마음을 전했다는 이야기가 전해 온다. 힘이 없었던 중종 역시 일주일 만에 폐위가 된 부인을 잊을 수 없었고 그 치마를 보며 마음을 확인했다고도 한다. 하기야 바로 아래에 경복궁이 있고 경회루에서 잘 보이는 위치였으니 어느 정도는 신빙성이 있는 말이기도 하다.▲

인왕산과 뒤로는 연계산행하면 좋은 안산이다.◀

봉수대가 있는 안산은 조그마한 뒷산 같지만 조망도 좋고 산책 삼아 걷기에도 그만이라 동네 어르신들에게도 인기가 좋다. 봄날엔 개나리와 벚꽃이 절경을 이루는 곳이기도 하다.

문인화의 대가였던 겸재 정선(1676~1759)이 1751년에 제작한 「인왕제색도」는 이 곳 인왕산을 배경으로 그린 그림이다. 인왕제색도는 인왕산 아래에서 태어나 평생을 근처에서 살았던 정선이 비 온 뒤 개고 있는 인왕산의 모습을 화동 언덕(지금의 종로구 북촌 정독도서관) 쯤에서 그린 진경산수화다.

그림에는 범봉의 범바위와 인왕산 정상의 치마바위며 수성동계곡의 물줄기까지, 평생을 일대에서 살았던 그의 관찰력으로 작은 것까지 담은 세심함도 돋보인다.
인왕제색도는 비가 그친 인왕산을 보며 평생지기 절친이었던 이병연의 병이 낫길 바라는 마음에서 그린 것이다.

비가 그치고 안개가 자욱하게 피어오르는 날 인왕산에 오르면 뭔지 모를 감동이 전해질 것만 같으니 그런 인왕산을 바라보며 느꼈을 그 당시의 정선이 된 듯 괜한 애틋함이 밀려오기도 한다. 그 그림이 나오기 전까지 우리나라 산수화는 주로 중국의 것을 모방한 것에 지나지 않았다면 인왕제색도는 직접 경치를 보고 그렸을 뿐 아니라 화법에서도 우리나라 산수를 잘 표현하였으니 조선 후기 진경산수화를 대표하는 걸작으로 평가하는 이유다. 고 이건희 삼성 회장의 유족이 기증한 「인왕제색도」는 국립중앙박물관에 소장되어 있고 국보로 지정되어 있다.

기차바위다. 기차처럼 기다란 바위가 이어져 기차바위란 이름이 붙여졌다.
인왕산과 기차바위는 다른 바위 산지 못지않게 대단한 슬랩이지만 한양도성이며 곳곳에 배치된 감시요원들이며 역사 이야기까지 그런 이슈들에 가려 크게 부각되지는 않았었다.

개인적으로 북한산과 평창동이 내려다보이는 이 바위에 설 때 가장 희열을 느끼게 된다. 좌측 비봉능선의 시작인 족두리봉부터 우측 뾰족봉은 북한산에서 기가 가장 세다는 보현봉이다. ▶

　북한산에서 내려다보는 평창동과 홍은동, 부암동 일대도 아름답지만 이곳 기차바위에서 바라보는 전경은 마치 유럽의 고즈넉한 마을 풍경을 보는 듯도 하고 지중해의 마을처럼 운치 있는 색다른 풍경으로 다가온다. 아파트촌 대신 보기 힘들어진 주택들로 이루어진 동네다 보니 더욱 이색적으로 느끼는 이유일 것이다.

　가운데 뾰족 솟은 보현봉 그 좌측으로 문수봉, 승가봉, 비봉, 향로봉으로 이어지는 북한산이다. 보현봉 우측으로는 칼바위능선과 형제봉이다.▲

효빈길을 나서다~

　겸재 정선은 인왕산뿐 아니라 삼각 모양으로 우뚝 솟은 기암봉을 그려 내기도 했는데 그의 그림 「백악산」이다. 이쪽에서는 백악산이 둥실하게도 보이지만 경복궁과 광화문 쪽에서 보면 우뚝한 모습이 나타난다. 백악산은 인왕산 못지않은 바위산이다.
　자하문고개(윤동주문학관)로 내려서서 오르게 될 우측 백악산과 아래로는 창의문과 강남의 빌딩숲과는 분위기부터가 다른 부암동과 청운효자동 일대다. 백악산 바로 좌측 능선은 팔각정이 있는 북악스카이웨이다.▲

백악산(북악산)을 걷다 보면 북악스카이웨이 팔각정이 가까이 드러난다.▲
　25년 전 처음 북악스카이웨이에 저녁을 먹고 야경을 보러 올랐을 때만 해도 바로 옆에 북악산이 있다는 생각조차 해 보질 못했으니 세상을 보는 시선도 협소했고, 크게 세상사에 관심도 없었을 것이다. 야경이 참 좋았던 기억으로 남았다. 주차장 리모델링 공사도 마치고 재개장한 상태라는데 지금은 어떤 모습인지 모르겠다.

　서울의 중심부가 모두 모였다.
　백악산 줄기 아래로 파란 지붕 청와대와 유명한 경복고등학교와 청운중학교가 자리하고, 효자동 삼청동이라는 이름만 들어도 역사속의 한 장면으로 빨려 들어갈 것만 같은 곳곳들이다. 격동의 시대를 지나 이젠 이렇게 아무렇지 않게 마주하고 있다는 것만으로도 현재를 살고 있다는 실감을 하게 된다. 경복고등학

교는 겸재 정선 집터가 있는 곳이기도 하다.

청와대는 백악산 아래 자리하고 있지만 그동안은 삼엄한 경비로 뒷모습마저 보기가 어려웠던 곳이었다. 그러니 조금 떨어진 인왕산 기차바위는 청와대와 인근 역사 속 마을들과 경복궁 일대를 전망할 수 있는 훌륭한 조망처가 되어 주었다. 개방을 맞고 백악산에도 전망대들이 생겨났지만 지금도 나에겐 여기 기차바위가 최고의 명당자리라 생각하고 있다.

'윤동주 시인의 언덕'으로 내려가 수성동계곡 가는 산책로에서도 백악산과 청와대를 가까이 조망할 수 있다.

청와대 바로 앞, 손가락으로 가리키는 곳이 경복궁이다. 저 빼곡한 빌딩들 속에 광화문과 경복궁이 그나마 자리를 지키고 있음이 얼마나 다행이고 감사한 일인지 모른다.

가만히 눈을 감으면 그 옛날 문무백관들이 경복궁을 드나들고, 경복궁 주변으로 모여들어 친분을 나눴을 모습들이 그려지기도 한다.

과거와 현재가 함께 있는 이색적인 모습이자 또한 조화를 이뤄 잘 이어져 나가야 할 중요 유산들인 것이다. 언젠가 시간이 지나면 오늘 또한 역사가 될 터이니 큰 소용돌이 없이 순탄하게 뻗어 나갔으면 좋겠다.

인왕산에서 성곽 따라 내려서면 윤동주 시인의 언덕(청운공원)에 닿는다.

윤동주는 연희전문학교를 다닐 때 종로구 누상동에서 하숙했는데, 그가 이 일대를 거닐며 시상을 가다듬었을 것으로 추정되니 그의 문

학정신을 기리기 위해 조성한 공원으로 그의 대표작 「서시」를 새긴 시비와 초입인 자하문고개에 윤동주문학관도 있다.

수성동계곡에서 바라 본 인왕산이다.▲

청운공원(윤동주문학관)에서 산책로 따라 수성동계곡에 갈 수 있는데 수성동계곡은 경치가 빼어났던 인왕산 기슭 수성동계곡 골짜기를 그린 정선의 그림 「수성동」의 배경이 된 곳이다.

수성동계곡에는 안평대군(1418~1453)이 살던 비해당 터와 그림속의 기린교로 추정되는 다리가 그대로 남아 있다. 「수성동」 그림속의 풍경을 고스란히 느껴 볼 수 있어 감회가 더해지는 곳이다. 수성동계곡까지는 멀지 않으니 산책 삼아 다녀와도 괜찮다. 일대는 진경산수화길로 한국 고유의 화풍을 만든 겸재 정선이 살았던 터를 돌아보며 그림에 얽힌 역사를 알아 가는 서울시 테마산책길이 조성되어 있다.

주요 지점은 윤동주문학관에서 백운동(백운동천), 청송당 터, 겸재 정선 생가 터, 백세청풍, 자수궁 터, 송석원 터, 수성동계곡 등이다.

윤동주문학관이 있는 자하문고개.▶

백악산 아래 자하문고개를 오가는 버스가 지나고 있다.▼

자하문고개(윤동주문학관)를 가기 위해서는 경복궁역 3번 출구에서 7022번이나 7212번 1020번 버스를 타면 된다. 일대는 자차보다는 대중교통 이

용이 더 용이한 편이다. 이 장면만을 본다면 이곳이 서울인지 싶을 만큼 하나로 맞춰진 지붕들이 이채롭기까지 하다. 이 일대 마을들만이 가진 큰 매력이다.

경복궁과 창덕궁 중간에 북촌이 있다면, 인왕산 동쪽과 경복궁 사이에는 세종마을이 있다. 조선시대에는 준수방, 인달방, 순화방, 웃대, 우대, 상대마을이라 불렀는데 세종대왕이 태어나신 장소를 포함한 동네라는 데서 유래가 되었고 흔히 서촌이라 불려오다가 2011년 세종대왕 탄신일 614년을 맞아 세종마을이라 명명하게 된다.

세종마을엔 세종대왕의 생가 터와 백사 이항복의 집터가 있고, 겸재 정선의 「인왕제색도」와 추사 김정희의 명필이 탄생한 마을이기도 하다.

근현대에는 이중섭, 윤동주, 이상, 박노수 등이 거주하며 문화예술의 혼이 이어졌고 현재 600여 채의 한옥과 골목, 전통시장, 소규모의 갤러리, 공방 등이 어우러진 문화와 삶이 깃든 마을이다. 여전히 서촌이라 많이들 부르고, 세종마을음식문화거리가 유명하다.

윤동주문학관 길 건너 창의문 초입엔 1.21사태 때 청와대를 기습 공격하기 위해 침투한 북한 무장공비와의 교전 중에 순직한 종로경찰서장 최규식 경무관과 젊은 정종수 경사의 동상이 세워져 있다. 그 치열했던 순간이 그려지는 곳이다.

자하문고개에서 80m만 오르면 창의문에 닿는다.
보물로 지정되어 있는 창의문은 인왕산과 백악산이 만나는 곳에 있는 문으로 사소문 중에

조선시대 지어진 문루(대궐 문 위에 사방을 볼 수 있도록 다락처럼 지은 집)가 그대로 남아 있는 곳이다.

  이 문루는 임진왜란 때 소실된 것을 1741년(영조 17)에 다시 세운 것으로 문루를 새로 지으면서 인조반정 때 반정군이 이 문으로 도성에 들어온 것을 기념하기 위해 공신들의 이름을 새긴 현판을 문루에 걸어 놓았고 지금도 그대로 걸려 있다.
이 문 부근의 경치가 개경의 승경지인 자하동과 비슷하다 하여 자하문이라는 이름으로 많이 불려 왔다.

  창의문 문루다.▼

거기 추녀마루의 잡상씨들, 너무 수다만 떨지 말고 사방팔방 돌아보며 성문 잘 지키시라요. 전쟁, 불화, 질병 모두 그대들 탓을 할 수도 있으니 오늘도 이상 무 하시라요.

창의문안내소다. ▶

예전엔 신분증을 제출한 뒤 출입증을 교부받아야 입장이 가능했었다. 그러다 2019년 들어 신분증 없이 패찰을 받아 통과했다가 나갈 때 말바위안내소에 반납해야 했지만 이젠 그런 시스템 자체가 모두 사라졌다.

그런 규제들이 불편한 점도 있었지만 곳곳에 CCTV가 지켜보고 있고 마치 등산객 차림을 하고 있지만 일대를 지키는 군 요원들이 곳곳에 배치되어 있었으니 어쩌면 가장 안전한 산책로가 될 수도 있다 느끼기도 했다.
그래서인지 여성 혼자서도 산행을 즐길 수 있는 최적의 장소이기도 했다.

괜히 주눅 들고 조금은 긴장을 해야 했던 곳이 이제는 한양도성 안내소가 되어 지도나 안내문 등이 배치되어 있고 설명을 곁들여 주실 문화해설사 분까지 상주하고 계신다.

개방 시간은 여름(5월~8월): 07시~19시(17시까지 입산), 봄, 가을(3~4월, 9~10월): 07시~18시(16시까지 입산), 겨울(11~2월): 09시~17시(15시까지 입산)

이 모든 변화의 바람은 문재인 정부 때 중점적으로 시작되었다.

창의문안내소에서 백악산으로 가는 길은 꽤나 가파른 성곽이 이어진다.
서울 한양도성(사적)은 조선왕조 도읍지인 한성부의 경계를 표시하고 왕조의 권위를 드러내며 외부의 침입을 막기 위해 축조된 성이다.

태조 5년 1396년에 백악산(북악산), 낙타(낙산), 목멱(남산), 내사산(인왕산) 능선을 따라 쌓은 이후 여러 차례 보수를 하였고 현존하는 전 세계의 도성 중에 가장 오래도록(1396~1910. 514년) 성의 역할을 다한 건축물

이라 한다.

　북악산 일대의 한양도성은 2006년 4월에 1단계로 홍련사~숙정문~촛대바위(1.1km)구간을 개방하였고, 2007년 4월에 와룡공원~숙정문~청운대~백악마루~창의문(4.3km)을 개방하게 된다.
2020년 11월 청와대 뒤편인 북악산 북측 면이 개방되었고 2022년 5월 남측면인 백악정 구간마저 열리면서 54년 만에 온전한 개방이 된 것이다.

　예전처럼 매의 눈으로 지키고 서 있던 사복 군인들이 보이지 않으니 한결 자유로워졌지만 왠지 그 길이 아닌 듯 어색하기까지 하다.
10여 년 전엔 그저 풍경 사진을 찍었다가 하산하던 도중에 카메라 검열을 당하기도 했었다. 그때만 해도 사진 찍는 것에 많이들 예민해져 있었고 긴장을 하던 시기였다.
물론 지금도 중요 시설 방향으로는 촬영이 금지되어 있지만 많이 달라진 것을 느끼며 걷게 된다.

　백악마루인 백악산(342m)은 서쪽의 인왕산, 남쪽의 남산, 동쪽의 낙산과 더불어 서울의 사산 중 하나로 북쪽의 산으로 일컬어졌다.

　남산에 대칭하여 칭했으며 조선시대까지 백악산, 면악산, 공극산, 북악산 등으로 불렸다 한다. 백악산은 등산화가 아닌 운동화 차림으로도 오를 수 있을 만큼 등린이도 무난한 산책코스라 봐도 된다. 청와대 개방과 함께 남녀노소 할 것 없이 수많은 사람들이 백악산으로 향했을 만큼 큰 어려움 없이 돌아볼 수 있다.

청운대로 진행하다 만나게 되는 1.21사태 소나무다. ▶

1968년 1월 21일 북한 124부대 김신조 등 31명은 청와대 습격을 목적으로 침투하여 현 청운실버타운(청운동) 앞에서 경찰과 교전 후 북악산 및 인왕산 일대로 도주하였다. 당시 우리 군경과 치열한 교전 중 현 소나무에 15발의 총탄 흔적이 남게 되었으니 이후 이 소나무를 1.21사태 소나무라 부르게 되었다.

한양도성의 각자성석(축성과 관련된 기록이 새겨진 성돌)이다. ▶

여기 있는 각자성석은 순조 4년(1804년) 10월 오재민이 공사를 이끌었고
공사의 감독은 이동한이 담당했으며 전문 석수 용성휘가 참여하여 성벽을 보수했다는 내용이다. 이 모든 게 역사가 되어 이 길을 걸으며 다시 만날 수 있다는 것도 큰 행운이다.

아름드리 소나무가 감싸고 있는 청운대(293m)다. ▶

조망도 좋으니 백악산 정상보다는 청운대에서 쉬어 가면 되겠다.

안내문에 따르면 청와대 전면개방을 기념하여 서울의 진산인 북한산 백운대(836m)를 본 따 청운대라는 이름을 붙였다 한다.

북한산은 기본이요, 남산, 관악산, 불암산, 수락산, 아차산, 천마산 등을 조망하며 걷는 한양도성길. 가까이의 길상사와 삼청각이며 근현대사

를 함께했던 장소들을 짚어보는 것도 이 길을 걷는 여유이자 즐거움이다. 여전히 끝나지 않은 코시국을 반영하듯 산행 중에도 마스크를 쓴 사람들을 종종 만나게 된다. 그래도 야외 마스크 착용이 풀리면서 한결 홀가분하고 자유로운 걸음들이 되었다.

　'성북동 비둘기'라는 시가 떠오르는 성북동 일대에서 가장 눈길을 사로잡는 것은 북악산 바로 아래 저택이다. 보자마자 알아보는 사람들도 있을 만큼 그 유명한 삼청각이다.

　삼청각은 1972년 7·4 남북 공동성명 직후 남북 적십자대표단의 만찬을 위해 북악산 자락에 건립됐다. 그 뒤로 국빈 접대와 격동의 현대사 속에 요정 정치의 산실이 된 곳으로 2000년 서울시에서 매입해 한정식집과 문화, 예술, 다양한 공연 등 전통문화복합공간으로 세종문화회관에서 운영하다가 50년 만에 전면 리모델링을 거쳐 재개방을 하였다. 잘 가꾸어진 정원이며 고풍스런 건물들로 한 번쯤은 가 볼 만하다.

삼청각을 마주하니 라디오에서 듣고 드라마에서 봤던 그 시대 그 인물들이 튀어나올 것만 같다.

말바위다. 조선시대에
말을 이용한 문무백관이
시를 읊고 녹음을 만끽
하며 가장 많이 쉬던 자
리라 하여 말(馬)바위라
불리기도 하고, 백악의
산줄기에서 동쪽으로 좌
청룡을 이루며 내려오다
가 끝에 있는 바위라 하여 말(末)바위라는 설도 있다.

이외에도 북악산에는 곡장(주요 지점이나 시설을 효과적으로 방어하기 위해 성벽의 일부를 둥글게 돌출시켜 쌓은 성), 촛대바위, 만세동방 약수터 등이 있고 요즘은 개방된 청와대 뒷길 칠궁이나 춘추관에서 쉼터인 백악정과 청와대전망대를 따라가는 길이 가장 인기가 좋다. 신규 개방한 청운대안내소를 이용해도 된다.

물론 청와대 칠궁이나 춘추관 구간은 주말이면 많은 인파가 몰려 여유로운 산행을 원하는 사람들에게는 그리 추천하고 싶지 않은 코스다.

말바위안내소와 삼청공원을 내려와 안국역으로 가는 길에도 역사의 현장 속에 있는 듯한 흔적들을 곳곳에서 마주하게 된다.

취운정 터와 능성위궁 터(영조가 시집 가는 화길옹주를 위해 지어 준 집으로 추정) 그리고 유명한 북촌 한옥마을도 만날 수가 있다.

감사원 건물 옆으로 취운정 터가 있는데 취운정은 1870년대 중반, 민태호(1834~1884)가 지은 정자로 유길준(1856~1914)이 이곳에 유폐되어 지내며 '서유견문'을 집필하게 된다. 일제강점기에는 독립운동가들의 회합장소로도 이용되었다 한다.

　북촌 한옥마을은 분위기 좋은 카페나 공방들도 자리하고, 돌 사진이나 웨딩촬영 장소로 인기인 집들도 있다.
　TV에서도 몇 차례 본 기억이 있는 잇방에 눈길이 간다. 전통가옥에 첨단기술을 융합한 치과다. 1926년 6월 10일 조선의 마지막 임금 순종(1874~1926년)의 인산(왕실의 장례)일에 우연히 찍힌 우리나라 최초의 치과 간판이 이곳이었다. 1907년 순종원년 종로에서 잇방을 개설한 최승용이라는 사람이 '이히박는 집'이라는 간판을 사용하였다 한다. 버스를 타도 되지만 살랑살랑 부는 바람 따라 안국역으로 걷는 길은 마치 역사 속 한 페이지에 들어와 있는 것처럼 기분 좋은 착각을 불러일으킨다.

이렇게 멋진 산이 같은 서울 땅에 자리하고 있지만 한동안 잊고 살았다.

통제와 감시, 신분증 지참이라는 막연한 부담감도 있었을 것이다.

인왕산은 다양한 바위군과 암봉 그리고 기차바위에서 바라 본 주택들의 단아한 멋이 일품이고, 이제 규제보다는 문화유산과 역사에 초점을 맞춘 북악산 성곽길은 현재가 있기까지를 잘 보여 주는 교과서 같은 산길이기도 하다.

서울의 사산을 옆에 끼고 한양도성 한 바퀴 돌아보는 것도 역사와 문화를 알아가는 알찬 걸음이 될 것이다.

6. 눈부신 운악산

경기도 가평군 조종면과 포천시 화현면의 경계에 있는 운악산(937.5m)은 경기 5악에 속하는 산으로 5악 중에 경치가 가장 수려하다 평하는 사람들도 많다.
봄날이면 온 산에 진달래가 수를 놓고, 무지치폭포, 무운폭포, 백년폭포 등을 품은 계곡이 있어 여름철 산행으로도 좋고 무엇보다 가을이면 기암절벽 사이사이에 피어난 단풍과의 조화는 절로 탄성을 자아내게 한다.

산 전체가 바위산이라 해도 과언이 아닐 만큼 미륵바위, 눈썹바위, 입석대, 병풍바위, 사라키바위 등 기이한 바위들과 절벽이 즐비하다.
운악산은 현등산이라 불리기도 하는데 산 중턱에는 신라 법흥왕 때 포교를 위해 신라에 온 인도승 마라하미를 위해 창건했다는 현등사가 자리하고 있기 때문이

다. 현등사에는 현등사 동종(보물), 현등사 삼층석탑(경기도 유형문화재), 현등사 목조아미타좌상(경기도 유형문화재) 등 많은 문화재를 보유하고 있다.

보통 산행은 가평의 현등사 입구에서 시작해 한 바퀴 돌아 다시 현등사로 원점 회귀하는 방법이 가장 일반적이고, 포천 쪽 국립운악산휴양림과 운악산휴게소에서 오르는 방법도 있다.
예전엔 포천 쪽 등산로가 불편해 많이들 이용하지 않았지만 이젠 계단이며 안전시설들을 보강해 등로가 좋아졌고 이용객도 많이 늘어났다.

어느 코스든 최소 4시간 30분 이상 잡아 주는 게 좋다. 물론 시간이란 건 천차만별이니 본인의 상황에 맞춰 넉넉히 잡는 게 좋겠다. 6~7시간 이상 걸리시는 분들도 있으니 말이다.
예부터 기암괴봉으로 이루어져 경기의 금강산이라 부르는 운악산은 산악이 구름을 뚫고 구름위에 떠 있는 것 같다하여 붙여졌을 만큼 우뚝우뚝한 암봉들이 절경을 선사한다.

현등사 일주문을 지나 산길에 오르면 눈썹바위를 만나게 된다.▲

선녀와 나무꾼 비스무리한 이야기가 전한다.

한 총각이 계곡에서 목욕하는 선녀들을 보고 치마를 하나 훔쳐 치마가 없어 하늘로 올라가지 못한 선녀를 집에 데려가려 했지만 선녀는 치마를 입지 않아 따라갈 수 없다며 고개를 내저었다.

그 말에 총각은 덜컥 치마를 내주었는데 치마를 입은 선녀는 다시 돌아오겠노라 하늘로 올라간 뒤 소식이 없고, 총각은 하염없이 기다리다 이 바위가 되었다는 얘기다.

그 총각, 사연은 안타깝다만 요즘 같으면 큰일 날 소리.

총각 입장에서가 아닌 그 선녀 측에선 불한당을 만났다 떠들썩했을 것이다.

차라리 나 당신이 맘에 든다 목욕하러 내려올 때마다 들꽃 한 송이씩이라도,

아님 달달한 단술 한 사발씩이라도 전해 줬더라면 혹 알어.

　다른 총각들이 훔쳐보거나 나쁜 짓 하는 것으로부터 지켜 주기라도 했더라면 그 노력이 가상해 한 번쯤 쳐다봐 줬을지도 모를 일이다. 은근 여자는 사소한 것에 감동 받는다구요.

　어쨌든 전설 따라~옛 이야기다.

　아래엔 들머리였던 운악산 주차장과 새로 생긴 한옥마을엔 고래등 같은 기와도 보이고 저 앞쪽에 흐르는 천이 조종천이다.

이곳은 경기도 가평군 조종면 운악리에 속한다.

　여전히 이 일대를 가평군 하면 하판리란 이름으로 알고 있는 분들도 있지만 주민들의 조정신청이 받아들여져 하면은 조종현이란 역사적 이름 그대로 조종면으로, 하판리는 운악리란 이름을 찾았다.

　하판리는 일제 때 획일적인 통폐합 과정에서 하판리, 중판, 신중리 등 3개 마을을 합쳐 상판리 아래에 있다고 하여 일괄 부여한 이름이다.

　정상과 만경대 방향으로 조망이 트이면서 암봉에 물드는 단풍과의 콜라보가 시작되니 세상은 더없는 가을 속에 빠져들었다. 바위의 단짝 소나무 하나가 어린 싹을 틔우고 어느새 소나무다운 자태를 드러내는 녀석도 만난다.

척박한 바위에 뿌리를 내리는 그 강인함. 한편으로 생각해 보면 소나무보다 바위가 참 대단하다는 생각이 든다. 그래도 자기 몸이 은근 단단하다 생각하고 살아왔을 텐데 내 몸을 뚫고 들어와 뿌리를 내리고선 강하다는 소리를 독차지하고 있으니 말이다. 다 받아 주고 양보해 준 건 어쩌면 바위인지도 모르는데 말이다.

인간사든 자연사든 세상에 혼자서 이루어진 건 없다.

이 가을도 갈빛으로 물든 나무들 없이 라면 어찌 가을을 논할 것이며 저 나무들도 파란하늘 없는 가을을 어찌 가을이라 말할 수 있겠는가.

쓰러져 죽은 나무마저 어쩜 이리 아름다운 것인지. 위대한 나무는 살아서는 그늘을 주고 열매를 주고 청정한 공기를 나눠 주더니 쓰러져서마저 누군가들의 발판이 되어 주고, 바위와 단풍과 주변 풍경과 어우러져 이런 멋진 샷을 만들어 준다.

능선 좌측으로는 운악산 백호능선이다. 지금 걷는 이 길은 청룡능선이다.

정상에서 저 백호능선 따라 하산하면 다시 현등사 입구로 내려설 수 있다.

운악산은 청룡능선과 백호능선을 이어 원점 회귀하는 게 가장 일반적인 산행이다.
참나무 식구들이 갈빛으로 물들어 가는 계절, 병풍바위에는 어떤 가을이 물들었을까 내심 기대감이 실리는 부분이다.

두 발로 네발로 오르는 바윗길에는 길을 인도하듯 소나무가 도열을 했다.
그리고 보상처럼 병풍바위로 향하는 풍경에 취하게 된다.
편견이 있는 산이 있다. 첫 느낌이 별로였거나 날씨나 그날 나의 기분이 영 아니었거나 같이 동행한 임과 잘 맞지 않았거나… 그런 저런 이유 등으로 그 산에 대한 기억이 썩 좋지 않아 다시 찾지 않게 되는 경우가 있다. 나는 운악산이 그랬다.

그 뒤에도 한북정맥을 하면서 두 번을 더 찾았지만 운악산의 암릉미도, 뭐가 아름다운지도 모르고 그냥 걸었다.

바쁜 걸음과 풍경이 들어오지 않는 무거운 생각들로 산을 돌아볼 여유가 없었는지도 모른다. 그런 기억밖에 없는 운악산이었으니 다시금 찾을 이유가 없었다. 그리고 몇 년이 지난 지금 문득 운악산 생각이 나서 나선 길. 그 미련했던 나 대신 오늘서야 운악산을 제대로 보고 있었다.

만경대와 미륵바위로 올라가는 저 암봉들의 향연 앞에는 잠시 숨이 멎는 듯하다.
아름답다는 말밖에 더 이상 아무 말도 덧붙일 수가 없으니 그저 할 수 있는 일이라고는 수없이 셔터를 누르는 일밖에… 솟구친 암봉이 구름을 뚫을 듯하다 하여 운악산이라 이름 붙였다 하더니 그래, 그럴 만했다.

　하나의 큰 덩어리였을 저 바위벽에 생명체가 자라나고 세월의 풍파에 갈라지고 쪼개지며 새로운 조형물이 탄생되었다.

뻗어 내린 날렵한 바위벽들은 마치 주상절리를 보는 듯 중국의 협곡산을 보는 것처럼 풍채 당당하고 위엄이 가득 하니 어디에 내놔도 부족하지 않어라.

　자로 잰 듯 섬세하게 갈라진 저 조각조각들이 하나의 덩어리를 이루니 기암절경이란 말은 이를 두고 하지 않았겠는가. 그 사이사이에 울긋불긋 물들어 가는 단풍이 절정을 이룰 때라면 그 수려함도 극에 달할 것이다.

병풍바위 전망대다.

만경대 아래로 깎아지른 듯한 병풍바위는 중생대 쥐라기 화강암으로 약 1억 5천 년에서 2억 년 전 형성되었다 한다.

수직 절리가 발달하여 마치 병풍을 두른 듯한 유려함의 절정이다.

신라 법흥왕 때 인도 승려 마라하미가 이곳을 오르려 했으나 정신이 혼미하고 미끄러져 결국 오르지 못하고 그 자리에서 고행하다 죽었다는 전설이 내려오는 병풍바위다. 인도승 마라하미를 위해 현등사를 창건했다 하는데 결국 이곳에 오르려 고행하다 죽었다니 사실인지 부풀려진 것인지 모르겠지만 그만큼 어려운 길이라는 얘기였을 것이다. 등로가 힘든 것이었는지 아님 저 풍경에 취한 고뇌였는지 어쨌든 현등사 창건과 관련해 내려오는 이야기다.

오르지 말라 내치는 산. 어여 오라 반기는 산.

그 어느 것이 되었든 가고자 하는 마음을 막진 못했을 것이다.

운악산은 관악산과 감악산, 화악산, 송악산과 더불어 경기5악 중 하나로 다 제각각 악산의 면모를 갖추었지만(개성에 있는 송악산은 가 볼 수 없으니 모르겠다.) 수직절리 형태의 바위들이 섬세하고 수려한 곳은 이 운악산이 아닌가 싶다.

산 중턱에는 신라 법흥왕 때 창건한 현등사가 있고 미륵바위와 눈썹바위, 만경대와 병풍바위 등의 기암절벽이 악산의 면모를 뒷받침해 주고 있다.

만경대와 미륵바위로 가는 길엔 튀어나온 뿌리의 생명마저도 예술미 가득하고, 붉다 못해 열정이 느껴지는 단풍의 색감엔 나 자신마저도 정열 가득한 사람이 된 것만 같다.

옆으로는 수직절벽 병풍바위를 끼고 그 빼어남을 감추려는 듯 나무들이 위장

막을 쳐 주었지만 오히려 고운 단풍에 위상은 배가 되었다.

  병풍바위 측면은 물결모양을 이루고 있다. 어떻게 저런 날카로운 골을 내어 오늘에 이르렀을까 봐도 봐도 감탄이 나오는 풍경들이다.

병풍바위는 아래에서도 장관이지만 단풍과 함께 그 옆길을 지날 때엔 이곳이 금강산이라 해도 나는 반기를 들지 않으리라 생각했다.

오늘도 신비로운 자연 앞에 그저 작은 인간이어라.

  어설픈 명산들은 더 이상 발걸음을 끊겠다 했다. 그럴 바면 이름 없는 허름한 산에 가겠다 했어라. 그런데 알았다. 왜 운악산이 명산에 이름을 올리고 있는지 말이다.

미륵바위다. 미륵바위는 아기 낳기를 기원한다는 그 바람처럼 손을 모은 듯도, 남녀가 부비부비하는 모습처럼도 보인다.▲

아름다운 게 어디 단풍뿐이고 기암뿐이겠는가.
길게 뿌리를 드러낸 당찬 소나무 하나가 절벽 끝으로 아슬하게 서 있다.

그러면서도 자신이 있는 거다. 뿌리가 받쳐 주고 저 바위가 눌러 주고 있으니 얼

마나 든든한지를 스스로 알고 있는 것이다. 쏟아질 듯한 먹구름과 감상에 빠진 소나무 하나. 멋지지 않은가.

　명지산, 연인산, 석룡산은 기본이고 주금산과 천마산, 광덕산과 청계산, 명성산, 각흘산, 용문산 등 가평을 위시로 남양주, 양평, 포천, 화천의 많고 많은 산 군들이 주변을 에워싸니 눈 돌리는 곳곳이 탁 트인 조망처다.

가평은 경기 북부의 깊은 골만큼이나 다른 지역에서는 만나기 쉽지 않은 봄의 야생화 산지가 많다. 맑고 청정한 계곡이 많고 기온 자체가 서늘해 여름철 피서지로도 인기가 좋고 겨울엔 눈이 많이 내려 설경산행으로도 적격이다.

만경대 오르는 쇠난간길.▲

　　만경대에는 곧 쏟아질듯 먹구름 가득한 하늘이 장관이다. 같은 자리에서 수없이 셔터를 누르는 저 산객의 마음도 이해가 간다.
　　이 풍경을 두고 어찌 발걸음이 떨어질 수 있겠는가.
　　운악산처럼 만경대란 이름은 설악산에도 북한산에도 있다. 하나같이 절경을 자랑하는 명산들이다. 만 가지 형상이 펼쳐져 붙여진 이름일거라 추정을 하며 그 만 가지에 오늘은 저 구름까지 하나 추가해야 할까 보다. 조망이야 뭐 두말하면 잔소리, 막힘이 없다. 저 앞에 보이는 산들은 일대에서 가장 유명한 화악산, 명지산, 연인산이다.▲

가평군 조종면과 포천시 화현면의 경계에 있는 운악산 정상 동봉(937.5m)이다.

정상석은 가평에서 만든 것과 뒤로 네모나게 포천에서 만든 석 두개가 있는데, 가평에선 비로봉이라 하고 포천에서는 동봉이라 다르게 부르고 있다.

포천에서 동봉이라 하는 이유는 바로 건너편 포천 땅에 속하는 봉우리가 하나 더 있는데 그곳은 서봉이기 때문이다.

운악산 정상의 무지막지 큰 정상석 두개가 좀 보기 싫다 느끼기도 했었는데 쏟아져 내릴 듯한 저 하늘과 함께하니 오늘은 제법이나 근사한 한 컷이 되었다. 뒤로 바위 하나가 운악산의 가장 높은 정상인 셈이다.

예전엔 운악산에 군부대 유격장이 있었다는데 그래서인지 바위엔 군대 용어들이 마모된 글씨로 남아 있다. 운악산은 한북정맥이 지나는 길이기도 하다.

동봉에서 본 서봉 그리고 아래로는 운악사와 망경대 방향이다.
저 암릉도 상당히 가팔라 땀 흘리며 바위산을 맛볼 수 있는 코스다.▲

포천에서 세운 서봉(935.5m) 정상석이다.▶

포천 운악산 코스는 서봉에서 운악사와 무지치폭포 방향으로 갈라진다.
어디로 내려서든 운악산휴양림과 운악산휴게소에서 만날 수 있다.

　포천 운악산휴양림 방향으로 내려가는 길엔 포천시에서 나오신 분들, 낙엽이 수북이 쌓인 길엔 사고가 나기 쉬우니 등로 정비를 하고 계신다.
　운악산휴양림으로 내려가는 등로도 새 정비들을 많이 해 놓아 예전의 불편하던 그런 느낌은 다 사라졌다. 포천 하면 왠지 딱딱하고 군부대만 떠올렸던 선입견이 문제였을 뿐, 길도 잘 나 있고 단풍 길도 참 곱다.
　한북정맥을 하면서 사라키바위와 애기봉 지나 서봉에 올랐던 기억이 있다.
　그때는 그저 시간에 쫓겨 힘들게만 느껴졌던 이 길이 이렇게나 곱고 어여쁜 길들이었다. 모든 것은 마음 탓이었으리라.

사라키바위다.

 비단을 펼친 듯 산수화 병풍을 두른 듯 아까 청룡능선으로 오를 땐 만경대와 병풍바위를 보고 환호했다면 이 길엔 사라키바위가 있어 가는 걸음을 멈추게 된다. 고사목 하나까지 참 멋진 운악산이다.

 사라키… 마치 일본어 같기도 하지만 사전을 찾아보면 '사라'는 명주실로 조금 거칠게 짠 비단, '키'는 넓다라는 옛 우리말이다. 거친 듯 넓은 비단을 펼쳐 놓은 아름다운 풍경이라 말하고 싶었을 것이다. 한북정맥은 저 사라키바위를 우회하여 지나기도 하지만 장비 준비하고 저 암릉을 직접 건너는 사람들도 있다. 하지만 사라키바위를 오르다 추락사한 산객의 추모비가 세워져 있을 만큼 직등이라 위험한 구간이다.

호빈길을 나서다~

이 가을에 한번이라도 타오르지 못하는 것은 불행하다.
내내 가슴이 시퍼런 이는 불행하다.

(중략)

사람도 그와 같아서 무작정 불을 지르고 볼 일이다.

- 이원규, 「단풍의 이유」중에 -

그래, 이 가을에 한번이라도 불타오르지 못한다면 조금은 불행한 일이 아니겠는가.

　좋아하는 무언가에 열정을 쏟을 수 있다는 건 행복한 일이다. 행복이란 게 얼마나 거한 일이였던가. 이렇게 불붙은 가을 길을 걷는 것만으로도, 좋은 사람과 맛있는 저녁 한 끼 나눌 수 있고 소주 한잔 기울일 수 있다는 것만으로도 행복한 기운 퍼져 올 것만 같은 계절이다.

이 길에도 궁예에 대한 이야기가 대궐 터였던 곳의 전설과 함께 전해진다.

　왕건은 역사의 승자가 되었지만 왕의 자리에서 쫓겨난 궁예는 가평과 연천, 철원 그리고 이곳 운악산까지 떠돌다가 비참한 마지막을 보내게 된다.

　그래서인지 일대의 산에는 궁예 이야기가 많이도 전해진다.

　후삼국시대, 태봉국을 세웠던 궁예는 철원까지도 세를 확장해 나갔지만 광적

인 행동들과 심한 의심병에 민심은 그의 신하였던 왕건에게 쏠리고 왕건을 왕으로 추대하게 된다. 왕건에게 쫓기다 이곳으로 피신해 맑은 물이 떨어지는 무지개폭포(홍폭, 무지치폭포)에서 다친 상처를 씻었다는 이야기도 전하고, 마지막 순간 모든 걸 포기하고 무지개폭포 위에서 죽음을 준비했다고도 한다.

역사는 승자의 기록. 점점 미치광이에 성격이 포악해지고 민심을 잃었을 수는 있겠지만 그래도 어느 정도는 정치적 영향도 있지 않았을까 싶다.

무지개폭포. ▲

　가물어 물줄기가 소소해진 무지개폭포를 지나고 포천시 화현면 화현리 운악산휴게소(운악광장)로 내려오면 산행은 끝이 난다.
운악산휴게소 앞 길을 건너면 시내버스 정류장이 있다.
대략 30~40분 간격으로 도평리~광릉내 버스가 지나 남양주나 이동, 서울 진입이 그리 어렵지 않다.
　가평 현등사 가는 교통편은 서울 청량리에서 1330-44번 버스를 타면 현등사(운악산)까지 갈 수 있지만 여기저기 경유를 하기 때문에 적게는 2시간, 차가 막힐 때는 4시간까지 걸릴 수도 있다. 차라리 대성리역이나 청평터미널에 가서 1330-44번 버스를 타는 것이 더 나을 수도 있다. 필자는 늘 청평터미널을 이용

하는 편이다.

　포천 운악산휴게소로 바로 갈 경우, 동서울터미널에서 사창리행 버스를 타고 운악산휴게소에서 내리면 된다.

　이번에야 나는 알았다. 운악산이 얼마나 아름다운지를 말이다. 가을 산이 아름답다는 걸 말이다. 기암 속에 핀 단풍산지 하나를 꼽으라 한다면 주저 없이 운악산을 떠올릴 것만 같다.

　우리나라의 산은 그 계절마다의 특색으로 전국 어디나 절경을 선사한다. 기암괴석이 빼어나고 그 속에는 우리네 야생초들이 숨을 쉬고, 산길을 따라 흐르는 물줄기가 있어 풍취를 더한다.

　조금은 평범하고 덤덤할 수 있는 산길에 출렁다리가 가미되면 또 다른 풍경이 되어 새로움을 덧입히게 되니 어느 산이 더 좋은 산이고 멋진 산이라 말하지 못하겠다. 그저 오늘 내가 걷는 그 길이 최고의 길이 되고, 추억이 쌓인 그 길이 가장 아름다운 길이 되기도 한다. 산에 오르는 일, 길을 깨우치는 즐거움이 있지 아니한가.

  전국을 누볐던 모든 여정들이 그것을 멈춰 봤을 때 비로소 대단하고 고마웠던 일이라는 걸 알게 된다.
점점 어딘가를 나선다는 것이 게으름과도 불편함과도 맞서야 하는 일이 되어 가지만 오늘 맞은 자유로운 이 한줄기 바람이 또 다시 떠날 수 있는 원동력이 되어 줄 것이다. ❀